Histoire D#taill#e Des Isles De Jersey Et Guernesey [by P. Falle], Tr. Par M. Le Rouge

Philip Falle

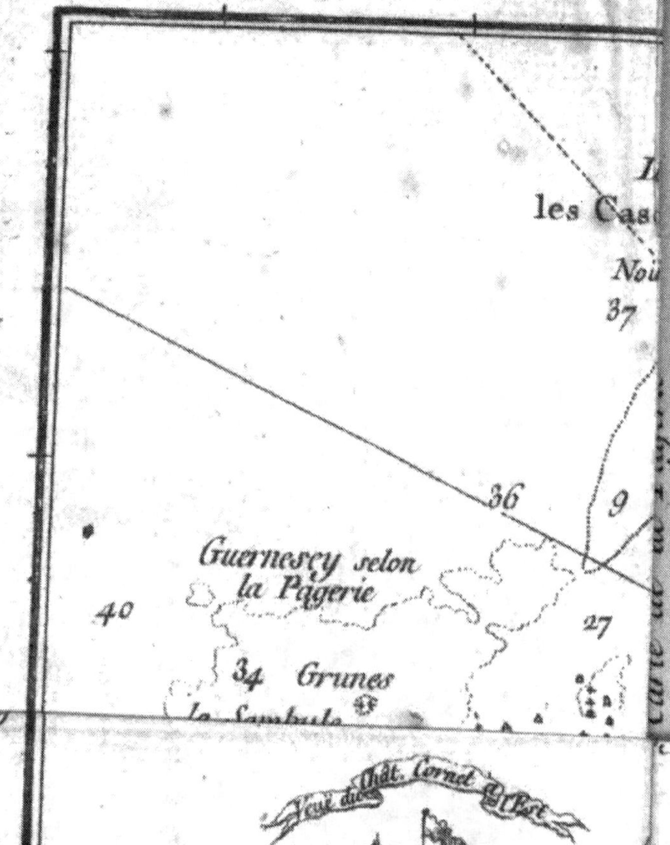
37
36
9
Guernesey selon
la Pagerie
40
27
34 Grunes
Les Isles
DE JERSEY,
GUERNSEY,
ALDERNEY,
ou AURIGNY.
Par Kitchin Geogr.
Anglois.
4
8

Traduit de l'Anglois par le Rouge.

HISTOIRE
DÉTAILLÉE
DES
ISLES DE JERSEY ET GUERNESEY,

TRADUITE DE L'ANGLOIS

Par Mr. Le Rouge, Ingénieur Géographe du Roi & de S. A. S. M. le Comte de Clermont.

A PARIS,

Chez { la Veuve Delaguette, Imprimeur-Libraire, rue S. Jacques, à l'Olivier. Duchesne, Libraire, rue S. Jacques.

M. DCC. LVII.

AVEC PRIVILEGE DU ROY.

BODLEIAN
1 DEC 1930
LIBRARY

PRÉFACE.

JE ne me suis point attaché dans cette traduction à la tournure ni au choix des phrases ; j'ai simplement suivi l'Auteur dans sa narration. C'est un zélé Patriote Anglois, qui parle souvent à sa Nation, & qui la flatte autant qu'il peut.

L'on a passé légérement sur le Rituel ou les cérémonies d'Eglise ; j'ai supprimé les Chartres & Patentes qui n'auroient servi qu'à grossir le Volume; mais je n'ai rien obmis de l'Histoire ni de la Description de l'Isle; j'ai suivi l'Auteur dans tout ce qu'il dit du Gouvernement Militaire, Jurisdiction Civile, Assemblée des Etats, Droits & Priviléges, &c. La Carte de M. *Dumaresq*, Seigneur de *Samarés*, Paroisse de S. Clement de ladite Isle, paroit sans contredit la meilleure jusqu'à présent.

J'ai vû des Cartes fort estimées & très bien dessinées; mais on n'y voyoit point les escarpemens des

Côtes, au lieu que dans celle de M. Dumaresq, qui est à la tête de ce Livre; les falaises ou roches à pic y sont distinctement marquées.

On reconnoit les grêves * entre les côtes inaccessibles: les dangers, les rochers, les bancs y paroissent scrupuleusement désignés.

Outre la distribution des 12 Paroisses, M. de Samarés

* Grêve est un terrein uni plein de gravier, qui communique de la mer à la superficie de l'Isle, par une rampe douce, telles que sont ici la grêve de S. Ouen, celle de S. Brelade, de S. Aubin & de Grouville.

a donné la diviſion des Quartiers nommés Vingtaines, avec le nombre des feux, que j'ai réduits ici en table : mais je penſe qu'ils doivent être bien multipliés depuis 63 ans.

DÉNOMBREMENT DES FEUX,

les distributions des Paroisses, subdivision des Quartiers de chaque Paroisse, nommée Vingtaine; *tiré de la Carte de M. Dumaresq Seigneur de Samarès, en Jersey, en l'état qu'il étoit en 1693.*

PAROISSES.	VINGTAINE ou Quartier.	FEUX.	Totaux.
S. Ouen.	Cuillette de Vinchelles.	51	306
	Cuillette des Milés......	50	
	Cuillette de Leoville....	75	
	Cuillette des Gronles....	52	
	Petite Cuillette..........	24	
	Grande Cuillette........	54	
Ste. Marie.	Vingtaine du Nord.......	65	139
	Vingtaine du Sud.........	74	
S. Jean.	Vingtaine du Nord.......	87	207
	Vingtaine de Doet.......	60	
	Vingtaine de Herupe.....	60	
Trinité.	Vingt. Ville à l'Evêque..	61	329
	Vingtaine du Rondin....	61	
	Vingtaine de Rosel......	81	
	Vingtaine des Augres....	70	
	Vingt. de la Croizerie....	56	
S. Martin.	Vingtaine de Rosel......	65	256
	Vingtaine de la Quervée.	63	
	Vingtaine sous l'Eglise..	36	
	Vingtaine du Fief du Roi,	41	
	Vingtaine de Faldoit.....	51	

Paroisses.	Vingtaine, ou Quartier.	Feux.	Totaux.
S. Pierre.	Grande Vingtaine........	58	279
	Vingtaine de Anguerez..	54	
	Vingtaine du Doet........	65	
	Vingt. du Coin Varin....	34	
	Vingtaine S. Nicolas & la Vallée............ ...	70	
S. Laurent.	Vingt. du Coin Tourgis.	79	208
	Vingt. du Coin Mortier.	62	
	Vingtaine de la Vallée...	67	
S. Hellier.	Vingt. du Mont l'Abbé.	48	354
	Vingt. du Mont Cochon.	24	
	Vingt. du Mont au Prêtre.	72	
	Vingtaine de la Ville....	210	
S. Sauveur.	Vingtaine de Mausan....	60	241
	Vingtaine de la Hougue.	25	
	Vingtaine sous l'Eglise..	37	
	Vingtaine des Pignéaux..	38	
	Vingt. petit Longueville.	50	
	Vin. grand Longueville.	31	
Grouville.	Vingtaine de la rue......	78	234
	Vingt. de Longueville...	70	
	Vingtaine des Marais....	86	
S. Clément.	Vingtaine de Samarès....	43	114
	Vingt. du Mont Roquier,	21	
	Grande-Vingtaine........	50	
Ste. Brelade.	Vingtaine de Quenves...	54	279
	Vingtaine de la Moye,..	56	
	Vingtaine du Coin.......	65	
	Vingt. de Woirmont....	104	
		Total 2946 Feux.	

HISTOIRE

HISTOIRE
DE
L'ISLE DE JERSEY.

CHAPITRE I.

Abrégé de l'Hiſtoire de l'Iſle.

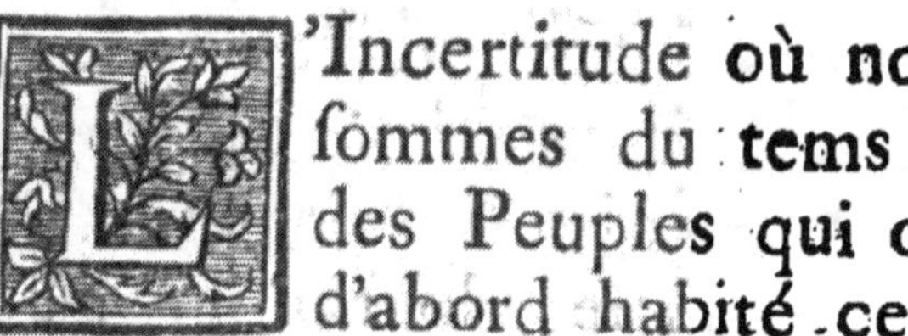

L'Incertitude où nous ſommes du tems & des Peuples qui ont d'abord habité cette Iſle, ne doit pas paroître étrange, quand on conſidére l'obſcurité des premieres Colonies; nous n'aurons point recours à nos Histoires, quoiqu'aussi dignes de foi peut-être, que celles où se fonde l'orgueil de quelques Nations qui se parent d'une origine fabuleuse.

Ce qui nous paroît de plus certain, c'est que cette Isle fut connue, & acquit même de la réputation du tems des Romains, comme on peut le voir dans l'Itinéraire de l'Empereur Antonin, où l'on en fait mention sous le nom de CÆSAREA : on ne sçait pas à la vérité bien positivement duquel des Cæsars elle tiroit ce nom, mais on ne sçauroit douter par les restes des Camps Romains & des Fortifications qui subsistent encore dans cette Isle, dont l'une est par une ancienne tradition appellée aujourd'hui la petite Cæsarée, que quelqu'un des Cæsars ne s'y fût retranché.

Il y a tout lieu de croire que le nom moderne de *Jersey*, *Gersey* ou *Gearsey*, n'est qu'une corruption de celui de *Cæsarea* : car *ey* dans la langue des Nations du Nord qui se répandirent dans l'Europe il y a environ mille ans, signifie *Isle*, comme dans le mot *Angles-ey* (c'est-à-dire, *l'Isle des Angles*) & *Jer*, *Ger* ou *Gear* est un abrégé de Cæsar, comme dans le nom de *Cherbourg* ou *Gerbourg*, ancienne Ville de Normandie, ainsi appellée du latin *Cæsaris Burgum*. *Jersey* est comme si l'on disoit *l'Isle de Cæsar*.

L'Histoire ancienne parle peu de cette Isle avant l'arrivée des Normans, dont le nom seul répandoit la terreur. Ils saccagerent avec leur Flotte les Côtes de France, brûlant & détruisant tout ; ces Barbares laisserent dans tous les lieux de leurs passages des marques de fureur & de cruauté.

Après que *Rollo* & ses Normans se furent rendus paisibles possesseurs de la Neustrie ou Normandie, & de ces Isles, du consentement de *Charles le Simple*, Roi de France ; ce Peuple sauvage s'allia avec les anciens Habitans, se civillisa & embrassa le Christianisme. Cette Isle jouit d'une grande tranquillité sous le Gouvernement des Ducs qui succederent à Rollo, & qui remplissent l'espace de tems qui se trouve jusqu'à *Guillaume le Conquérant*, dans l'ordre suivant.

Rollo. *Rollo*, premier Duc de Normandie, qui prit à son Baptême le nom de *Robert*.

Guillaume. *Guillaume*, surnommé *Longue Epée*, fils de Rollo.

Richard I. *Richard* I. fils de Longue Epée.

Richard II. fils de Richard I. Richard II.

Richard III. fils de Richard II. Richard III.

Robert, Frere de Richard III. Robert. Ce Duc arracha *Edouard* le Confesseur à la fureur de *Canut* le Danois, qui s'étoit emparé de l'Angleterre & avoit fait mourir dans les fers *Edmond Ironside*, Frere d'*Edouard*. Il mit en mer une Flotte formidable pour le rétablir dans son Royaume; mais ayant été long-tems retenu par les vents contraires à Guernesey, il fut obligé de retourner en Normandie sans remplir son objet.

Guillaume II. surnommé le Conquérant à cause de la Conquête qu'il fit de l'Angleterre, étoit Fils naturel de Robert. Guillaume II. le Conquérant.

Tandis que le Conquérant vêcut, il maintint l'Angleterre & la Normandie aussi étroitement unies que leur ſituation le pouvoit permettre, faiſant ſa réſidence, tantôt dans l'une & tantôt dans l'autre; il mourut en Normandie & fut inhumé à Caën, où l'on voit encore aujourd'hui ſon Tombeau. Ce n'eſt qu'un Mauzolée qui n'a rien de magnifique: il eſt placé au milieu de cette grande Abbaye dont il étoit le Fondateur; on y peut lire deux Inſcriptions, une de chaque côté: la premiere déſigne la qualité de ſa Perſonne & l'union de l'Angleterre avec la Normandie, ſous ſon Regne; l'autre explique comment ce Monument avoit été ruiné par les Huguenots dans la chaleur des Guerres civiles & rétabli par les Moines l'an 1642.

A la mort du Conquérant, l'Angleterre & la Normandie ſe

retrouverent désunies : l'Angleterre fut le partage de Guillaume *Rufus*, qui dans l'absence de *Robert* son Frere aîné, s'empara de la Couronne qu'il garda pendant qu'il vécut. La Normandie & ces Isles demeurerent au pouvoir de *Robert*, qui tâcha de les conserver pendant le regne de son Frere *Rufus*. Il y avoit un accord de succession mutuelle entre les deux Freres ; mais Rufus ayant été tué d'un coup de flêche en chassant dans la nouvelle Forêt, tandis que Robert avec *Godefroy de Bouillon* & tant d'illustres Guerriers faisoient la guerre aux Sarrasins pour reprendre la Terre Sainte, *Henri Beauclerc*, troisiéme fils du Conquérant, s'empara encore de la Couronne. Ainsi Robert deux fois de suite se vit exclu de la

Duc Robert, Fils du Conquérant.

ſucceſſion d'Angleterre par ſes jeunes Freres. Il ſe maintint néanmoins dans la poſſeſſion de la Normandie & de ces Iſles. Ayant toujours la Couronne d'Angleterre en vûe, il refuſa d'être Roi de Jeruſalem après la conquête de cette Place; mais il eut le malheur en revenant, de trouver non-ſeulement cette Couronne qui lui appartenoit par droit de naiſſance ſur la tête du jeune Beauclerc, mais même il ſe vit obligé de défendre la Normandie contre ſon Frere, qui cherchoit ouvertement à l'en dépoſſéder. Ils eurent enſemble une guerre ſanglante dans laquelle la fortune d'*Henri* prévalut; le Duc Robert fut pris, on lui arracha les yeux, & il fut enfermé dans le Château *Cardiff*, dans la Principauté de Galles, où il languit 26 ans dans la derniere misére, & ſuccomba enfin ſous les cruels traitemens dont ſon Frere ne ceſſoit de l'accabler. Le corps de cet infortuné Prince eſt inhumé dans l'Egliſe Cathédrale de Glocester, ſous un Mauſolée auſſi ſimple qu'eſt celui de ſon Pere à Caën.

Le Roi Henri perdit ſes Enfans qui firent naufrage en paſſant de la Normandie en Angleterre. Les jeunes Princes (dont l'aîné avoit le titre de Duc de Normandie) furent entraînés par la tempête au milieu de ces Iſles, & jettés enſuite ſur Caſquet, qui eſt un rocher dangereux, à deux lieues à l'Oueſt d'Alderney où ils périrent.

Henri n'eut pas plutôt réduit la Normandie & ces Iſles, qu'il les déclara inaliénables de la Couronne d'Angleterre, & elles Henri I.

demeurerent en cet état sous les Regnes suivans de

Etienne. *Etienne de Blois*, petit-fils du Conquérant, par sa fille *Alice*.

Henri II. *Henri II.* fils de *Maud* l'Impératrice, qui étoit fille d'Henri I.

Richard I. *Richard I.* surnommé *Cœur de Lion*, fils de Henri II.

Jean. Mais sous le regne du Roi *Jean*, Frere de Richard I. qui avoit hérité de ce Royaume, le Duché de Normandie (excepté ces Isles) fut perdu à l'occasion que nous allons rapporter. Henri II. avoit entr'autres fils les trois suivans, *Richard* à qui il laissa la Couronne & qui mourut sans postérité légitime; *Jeffreys* qui mourut du vivant de son Pere, laissant après lui un fils nommé *Arthur*, Duc de Bretagne, du côté maternel, &

Jean, Comte de Mortain en Normandie, depuis Roi. A la mort de Richard le droit de succession appartenoit à Arthur, fils de son second Frere; mais Jean lui ayant disputé la Couronne, le jeune Prince eut recours à *Philippe Auguste*, Roi de France, pour être protégé & secouru contre son Oncle qui l'avoit dépouillé de son héritage : il se réconcilia ensuite avec lui, mais cela ne dura pas long-tems; enfin l'infortuné Arthur tomba entre les mains de ce Roi irrité, qui l'enferma dans le Château de Rouen en Normandie, & on le trouva mort peu de tems après dans les fossés du Château. Sa mort fut généralement regardée comme un effet de la jalousie de son Oncle : quelques personnes ont cependant voulu faire entendre qu'il périt en

Le Roi Jean mourut l'an 1216. Son fils Henri III. étoit si fort inquiété par ses Barons rébelles, qui soutenoient les prétentions du Prince *Louis* de France, fils de Philippe-Auguste (lequel réclamant les droits de sa Femme, fille de la Reine de Castille, qui étoit sœur de Richard I. & du Roi Jean) que pour accommoder l'affaire, il fut obligé de céder ses droits sur la Normandie, mais il ne fit jamais cession de ces Isles; il avoit au contraire tant d'attention à leur sûreté, qu'il enjoignit aux Barons des cinq Ports, en cas que ces Isles fussent attaquées, d'aller promptement à leur secours, sur les premiers avis qu'ils en recevroient du Gouverneur. La seconde année du Regne de ce Roi, *Philippe d'Aubigny* répouf-

Henri III.

ſa les François qui alloient en Angleterre porter des ſecours au Prince *Louis*.

Sous le regne du Roi *Edouard I.* fils de Henri III. les François irrités de ſe voir les maîtres du reſte de la Normandie ſans avoir pû l'être de ces Iſles, firent un nouvel effort pour s'en emparer, mais ils n'eurent pas plus de ſuccès qu'auparavant. Edouard I.

Je paſſe rapidement ſur le regne d'Edouard II. pour arriver à celui d'Edouard III. qui nous fournit des événemens plus mémorables ſur ces Iſles, par rapport aux François. A peine le Roi Edouard III. eut-il fait connoître ſes prétentions ſur la France, que la guerre s'alluma entre *Philippe de Valois* & lui. Les François pour faire diverſion s'emparerent encore de ces Iſles; *Hugues Gueriel*, Amiral

Edouard II.
Edouard III.

de France, fit une descente dans Guernesey l'an 1339. mit le Siége devant le Château *Cornet*, le prit & le garda trois ans. La perte de cette Isle fournit aux habitans de Jersey une occasion de témoigner leur fidélité à la Couronne d'Angleterre: ils leverent une contribution de 6400. marcs (somme considérable dans ce tems pour une si petite Isle) pour être employée au recouvrement de Guernesey & à l'approche de la Flotte Angloise (commandée par *Reinold de Cobham* & *Geffreys de Harcourt*, qui venoient en Normandie avec des Recrues pour le Roi, & avoient ordre de tenter en chemin faisant la réduction de Guernesey.) Ils sortirent, joignirent la Flotte & aiderent aux Anglois à reprendre l'Isle & le Château de de Guernesey. Plusieurs Jersiens de marque perdirent la vie dans cette occasion avec un grand nombre de Particuliers.

Peu de tems après *Alain le Breton*, fameux Corsaire, infesta ces deux Isles, sur-tout Guernesey, plutôt pour les piller qu'à dessein de s'en emparer.

Les efforts réiterés des François contre ces Isles réveillerent l'attention du Parlement d'Angleterre ; il résolut d'engager le Roi à mettre ses Flottes en mer & à pourvoir à la défense de Jersey & de Guernesey.

L'an 1354. le Roi de Navarre étoit convenu d'une entrevue avec le Roi Edouard, & la place choisie par les deux Rois pour cette entrevue étoit Jersey ; mais elle n'eut point lieu par le racommodement du

Roi de Navarre avec la France.

Ces Isles jouirent d'une grande tranquillité tout le tems que la fortune favorisa les armes d'Edouard; mais quand sur la fin du regne de ce grand Roi, après la mort de son fils, le Prince Edouard communément appellé le *Prince Noir*, la fortune commença à abandonner les Anglois en France; ces Isles se virent exposées à de plus grands dangers que jamais. Dans l'année 1372. *Evans*, prétendu Prince de Galles, partit de Harfleur en Normandie avec une Flotte Françoise, débarqua à Guernesey; mais trouvant dans le Château une résistance à laquelle il ne s'étoit pas attendu, il abandonna son dessein & sortit de l'Isle. Quatre ans après les deux Amiraux de France & de Castille attaquerent la même Isle ; les François la rançonnerent pour une somme d'argent, mais les Castillans étant revenus, en emporterent tout ce qu'ils purent.

Jersey ne fut pas moins exposée à ces incursions que Guernesey. L'an 1374. trois ans avant la mort du Roi Edouard, *Bertrand du Guesclin*, Connétable de France, fameux par le nombre de ses Victoires sur les Anglois, à la tête d'une Armée de plus de 10000 hommes, dont étoit le Duc de Bourbon, avec la fleur de la Chevalerie Françoise, passa tout-à-coup de Bretagne à Jersey, vint camper devant le Château *Gourai*, le même qu'on appelle aujourd'hui *Montorgueil*, dans lequel s'étoient retirés les principaux Habitans de l'Isle, à la nouvelle du débarquement des François. Le Siége dura quelques mois & se soutint avec beaucoup de valeur de part & d'autre; le courage de ceux qui étoient dans la Forteresse ne le cédant en rien aux efforts vigoureux de ceux qui étoient au-dehors. Après plusieurs vives attaques, le Connétable se retira, laissant sur la place beaucoup de ses meilleurs Soldats. Elle fut presque la seule qui se soutint contre les armes de cet heureux & illustre Général.

Il s'étoit fait un Traité avant ces affaires, par lequel le Roi cédoit ses droits sur la Normandie; mais considérant l'importance de ces Isles, & très-satisfait d'ailleurs des témoignages de fidélité qu'il en avoit toujours reçu, il fit insérer un article dans le Traité, qui dit expressément que ces Isles qu'il possédoit sur la Côte de France demeureroient sous son obéissance comme auparavant.

Il ne s'y passa rien de remarquable sous le regne de Richard II. fils du Prince Noir, & peu de chose sous celui de *Henri IV.* excepté l'incursion qu'y fit *Penhouët*, Amiral de Bretagne : ayant battu les Anglois dans un Combat naval, il profita de ses avantages, & fit une descente dans Jersey & Guernesey qu'il pilla sans attaquer les Forts, ce qui arriva l'an 1404.

Richard II.

Henri IV.

Henri V. ne fut pas plutôt parvenu au Trône, qu'il fit revivre ses prétentions sur la France; & il racheta les pertes qu'avoient faites les Anglois depuis la mort du Prince Noir, par de nouvelles Conquêtes. Ce Guer-

Henri V.

& avoit eu des ordres ſecrets de le leur livrer. Le Comte vint lui-même quelque tems après dans l'Iſle, & quoiqu'il fît toutes les politeſſes imaginables aux Habitans, & leur offrît beaucoup de beaux priviléges pour les engager à le reconnoître & à renoncer à l'obéiſſance de l'Angleterre; il ne put jamais ſurmonter l'inclination d'un Peuple déſeſperé de ſe voir au pouvoir des François, pour qui ils avoient tant d'averſion, qu'il ne fut pas poſſible au Comte pendant l'eſpace de ſix années de ſe rendre maître de plus de la moitié de l'Iſle. Philippe de *Carteret*, Seigneur de S. Ouën, conſerva l'autre partie ſous l'autorité du Roi d'Angleterre; il ſe faiſoit pendant tout ce tems de fréquentes eſcarmouches entre les deux Partis.

Les

Les choses resterent en cet état jusqu'à la mort d'Henri VI. & jusqu'à ce qu'Edouard IV. fût paisible possesseur du Trône; car alors *Richard Hardiston*, vice-Amiral d'Angleterre, étant venu à Guernesey avec une Escadre de Vaisseaux de Roi, Philippe de *Carteret* lui envoya demander du secours : ils convinrent que tandis que la flotte Angloise blocqueroit le Château Montorgueil par mer, les Habitans en feroient le Siége par terre. Cette entreprise leur réussit, le Château fut pris par famine, & les François se virent encore une fois obligés d'abandonner l'Isle.

Edouard IV.

Tant de revers se succédant rapidement, firent renoncer les François pour un tems aux desseins qu'ils pouvoient avoir sur ces Isles, desorte qu'ils n'entre-

Edouard V. Richard III. Henri VII. Henri VIII.

prirent rien sous les regnes d'Edouard V, Richard III, Henri VII, & Henri VIII. Ce fut pendant cet intervalle que Henri VII. séjourna quelque tems à Jersey, dont il perfectionna le Gouvernement.

La guerre s'étant allumée entre Edouard VI. & Henri II. Roi de France, les François entreprirent encore de remettre ces Isles sous leur domination; la minorité d'Edouard & les troubles qui agitoient son Gouvernement sembloient leur promettre les plus heureux succès. En l'année 1549, ils firent sortir une flotte de Saint Malo (Ville dont le voisinage nous a souvent été funeste) & tomberent sur la petite Isle de *Serk*, qui étoit alors inhabitée, où ils établirent des Colonies & bâtirent des Forts.

La ſituation de cette Iſle qui ſe trouve au milieu des autres, fit croire aux François qu'en s'y maintenant, ils pourroient tant harceler les Iſles voiſines par de fréquentes incurſions & de continuelles allarmes, qu'il ne leur ſeroit pas poſſible de tenir contr'eux. Ils commencerent par Guerneſey, où ils trouverent une flotte de Vaiſſeaux Anglois à l'ancre dans la rade. La plûpart des Capitaines & Officiers étoient à terre & enſevelis dans le ſommeil, ce qui favoriſa les François au commencement du combat; mais toute la Ville étant réveillée au bruit du canon, les Vaiſſeaux ſe retrouverent bientôt en état, le combat ſe continua & les François y furent repouſſés: de-là ils vinrent à Jerſey & débarquerent à Bouley-Bay, au nord de l'Isle; mais le nombre des Habitans qui se mirent à leur poursuite les obligerent à regagner leurs Vaisseaux; cette affaire coûta beauconp de monde de part & d'autre.

Reine Marie. Le regne de la Reine Marie fut regardé comme peu glorieux, par la perte de Calais que les Anglois possédoient depuis 200. ans, quand les François le reprirent. Ce fut cependant sous le même regne qu'on reprit aux François l'Isle de Serk; quoique le recouvrement d'une aussi petite Isle ne puisse être regardé comme quelque chose d'équivalent à la perte d'une des clefs de France. La Colonie Françoise étoit fort éclaircie dans cette Isle; la solitude de la place, le manque du nécessaire, le mauvais état de leurs affaires & le peu d'espoir qui leur restoit de se rendre maîtres des autres Isles, en faisoit déserter beaucoup pour retourner en France : desorte qu'il resta peu de monde en état de porter les armes pour défendre cette Place ; néanmoins ce petit nombre eut suffi pour tenir contre une Armée entière, car la terre est si inaccessible de tous côtés & les sentiers qui y conduisent sont si étroits & si escarpés, qu'un seul homme armé de pierre en pourroit défendre le passage à mille autres. Cette Isle fut cependant prise par une poignée de Flamands, Sujets du Roi Philippe, (Epoux de la Reine Marie) qui étant venus de nuit par un de ces sentiers & ne le trouvant point gardé, monterent jusqu'au sommet sans résistance, & sirent les François prisonniers. C'est le détail que nous donne de cette surprise une Histoire de Jersey en manuscrit, écrite par un Auteur Anonime l'an 1585. Mais *Walter Raleigh* qui fut quelque tems Gouverneur de Jersey (homme plein de jugement & de sagacité) ayant fait d'exactes recherches des particularités de ces Isles, rapporte la chose différemment; car il dit qu'elle fut surprise par un stratagême à qui il donne la préférence sur plusieurs de ceux des Anciens. L'Isle de Serk, dit-il, adjacente à Guernesey & du même Gouvernement fut surprise par les François sous le regne d'Edouart VI. & il n'eut jamais été possible de la reprendre à force ouverte, le pays étant assez muni de troupeaux & de bled pour nourrir le nombre de gens nécessaires à sa défense, étant d'ailleurs inaccessible de tous côtés. Elle fut cependant reprise par l'industrie d'un Gentilhomme des Pays-Bas de cette maniere : il vint jetter l'ancre dans la rade avec un seul Vaisseau, & sous prétexte que le Patron en étoit mort, il supplia les François de le laisser inhumer en terre sainte, dans la Chapelle de cette Isle, offrant de leur faire présent des dentées qu'il pouvoit avoir à bord, ce qui lui fut accordé (sous condition qu'aucun des siens n'apporteroit d'armes à terre, pas même de coûteaux.) Les Flamands mirent donc dans leur chaloupe un cercueil, qui au lieu d'un cadavre, étoit rempli d'Epées, de Boucliers & d'Arquebuses. Les François les reçurent à terre, & après les avoir visités avec tant d'exactitude qu'ils n'auroient pû cacher seulement un canif, ils leur permirent de monter leur cercueil au sommet des Rocs. Une partie des François entrerent dans la chaloupe Flamande & furent chercher à bord les denrées promises, & ce qu'ils vouloient avoir; mais ils n'y furent pas plûtôt entrés qu'on se saisit d'eux, & les Flamands qui étoient à terre étant entrés avec leur cercueil dans la Chapelle, en fermerent la porte sur eux, & ayant tiré leurs armes, ils attaquérent les François qui coururent aussi-tôt au bas des Rochers appeller à leur secours leurs Compagnons qui étoient allés à bord; mais ayant trouvé la chaloupe pleine de Flamands, ils furent obligés de se rendre.

On trouve encore un autre manuſcrit qui confirme la priſe de cette Iſle par le même ſtratagême, mais d'autres circonſtances ſemblent être contraires à cette Hiſtoire.

Depuis le regne de la Reine Marie juſqu'à préſent, les François ne ſont jamais retournés à Jerſey à deſſein de s'en emparer. La Reine Eliſabeth n'eut presque pas de guerre avec la France pendant le cours de ſon regne; elle avoit pour ennemis les Eſpagnols dont les prétentions à la Monarchie univerſelle ſuccomberent ſous la fortune de cette Reine. Ce fut par les ſoins de cette incomparable Princeſſe qu'on commença ce fameux Château de Jerſey, appellé depuis *Château Eliſabeth*, mais Elle n'eut pas le tems de le finir, R. Elizabeth

Jacques I. Le Roi Jacques, Prince pacifique, prit peu de soin de pourvoir à la fureté de ces Isles; ce fut lui qui établit la Religion Anglicane dans Jersey.

Charles I. Le regne de Charles I. sous lequel nous entrons fut plein de troubles, & cette Isle eut grande part aux malheur de ce Roi : son Alliance avec une Fille de France ne pût empêcher la guerre qui se déclara bientôt après entre les deux Couronnes. L'année 1627. le Roi envoya des forces sous le Commandement du Duc de *Bukingham* au secours de *la Rochelle*, & quoique cette expédition n'eut point de succès, les François furent si irrités du débarquement d'une armée Angloise dans l'Isle de Ré, qu'ils résolurent de s'en venger l'année suivante par une pareille descente dans les Isles de Jersey & de Guernesey, ce qu'ils auroient sûrement exécuté, si leur dessein n'avoit été découvert à tems ; on en informa aussi-tôt le Conseil d'Angleterre, qui (suivant ce que rapporte le Docteur *Heylin*, qui fut du voyage) envoya le Comte de *Danby* dans ces Isles pour veiller à leur sûreté ; on augmenta les Garnisons, on remplit les Magazins de toutes sortes de munitions de guerre, & l'on mit toutes choses en état de défense, mais les François ne parurent point.

Pour mettre de plus en plus l'Isle de Jersey à l'abri des entreprises de la France, on fit des augmentations considérables aux Fortifications du Château *Elisabeth*, qui fut entiérement achevé sous ce Regne.

Peu de tems après, les feux

d'une guerre cruelle s'étant allumés dans le sein du Royaume entre le Roi & ses Sujets mécontens, George de *Carteret* vint pour conserver au Roi l'Isle de Jersey, qu'il soutint contre toutes les forces des Rébelles, qui après avoir battu les Armées du Roi s'emparerent de sa Personne. Au milieu néanmoins de toute leur prospérité, cette petite Isle fut pour eux une fâcheuse épine; il sortit de Jersey dix ou douze petites Frégates ou Corsaires, qui, sans parler du nombre des prises qu'ils amenoient journellement chez eux & à S. Malo, infesterent la Manche, de façon qu'il n'y avoit pas un seul Vaisseau Anglois qui osât la passer sans convoy. Cela interrompit tellement le Commerce & devint si onéreux à la Nation, que l'Angleterre ſentit alors de quelle conſéquence il lui étoit de poſſéder ces Iſles, & il fut réſolu de ne rien épargner pour la réduction de Jerſey. Cet exemple ne devroit jamais s'oublier. Il peut ſervir à faire connoître le danger qu'il y auroit pour l'Angleterre, ſi les François s'emparoient de ces Iſles, (ſituées comme elles le ſont dans la Manche) où au lieu de leurs petites Bayes peu profondes, ils trouveroient de bonnes Rades & des Ports ſûrs, ſi ce n'étoit pour leurs grandes Flottes, au moins pour les Frégates & Corſaires de cette Nation.

Telle étoit la ſituation des affaires en Angleterre, lorſque le Prince Charles, depuis Charles II. vint à Jerſey. Les Habitans le reçurent avec beauçoup de joye, & furent très-ſenſibles en même tems à la détention de ſon Pere, qu'on gardoit priſonnier dans le Château de *Hurſt*, Place des plus mal-ſaines, ſituée ſur une langue de terre fort avancée dans la mer, deſtituée d'eaux fraîches, & dangereuſe par les ſels & les vapeurs groſſières des marécages voiſins. Ses Sujets qui avoient réſolu de ſe défaire de lui de quelque maniere que ce fut, avoient ſans doute choiſi cette Place à ce deſſein; les Jerſiens formerent le projet d'aller enlever le Roi de ſa priſon & de l'amener à Jerſey, ils le lui firent ſçavoir ſecrettement, mais la vigilance de ceux qui gardoient le Roi fit échouer leur entrepriſe au moment qu'ils alloient l'exécuter.

Après la mort de ce bon Roi,

son fils, héritier présomptif de ses Etats fut immédiatement proclamé Roi, & son Titre reconnu dans Jersey, où S. M. voulut faire encore quelque sejour; il revint une seconde fois à Jersey, accompagné de son frere le Duc d'Yorck, & quantité de Noblesse qui lui étoit demeurée attachée pendant son exil.

Charles II.

C'est environ vers ce tems que fut bâti le Fort *Charles*, qui est un ouvrage avancé du Château *Elisabeth*, pour en défendre l'approche par terre.

S. M. s'étant engagée dans un Traité avec les Ecossois; quitta de nouveau Jersey, très-satisfaite des preuves d'affection qu'elle avoit reçues de ces Insulaires dans ses plus grands malheurs. Le Traité avec les Ecossois s'étant achevé avec ſuccès, le Roi fut couronné à *Scoone* le premier Janvier 1650. & vint bien-tôt après en Angleterre à la tête d'une Armée, diſputer ſes droits avec les Uſurpateurs de ſon Royaume. Les deux Armées ſe rencontrerent à Worceſter le 3 Septembre 1651. où la fortune ayant encore ſuivi les armes des Rébelles, le Roi perdit non-ſeulement la Bataille, mais fut encore obligé de ſe tenir caché, en grand danger de ſa Perſonne, juſqu'à ce qu'il trouva moyen de paſſer en France, où il arriva le 22 Octobre ſuivant.

Dans ce même tems le Parlement en Angleterre faiſoit de grands préparatifs pour la réduction de Jerſey, étrangement allarmé de la priſe d'un ſi grand nombre de vaiſſeaux Anglois par les Corſaires de cette Iſle, qui conti-

continuoient d'infester la Manche, & étoient devenus si hardis qu'ils venoient enlever les Vaisseaux Anglois jusques dans leurs Rades. Une Flotte de 80 voiles, dont on augmenta le nombre dans la suite, sortit pour cette expédition sous le Commandement de l'Amiral *Blake*; tandis que le Major-Général *Hains* étoit à la tête des forces destinées à la descente. La Flotte parut à la vûe de l'Isle le 20 Octobre 1651. & le même jour vint mouiller dans la Baye de S. Ouën. Cette Baye est exposée à un vent d'Ouest, qui y souffle avec tant de violence la plus grande partie de l'année, & y rend la mer si grosse, qu'elle est très-peu sûre pour les Vaisseaux; mais les succès sans nombre qui avoient jusques-là accompagné les Rébelles, les ſuivirent encore en ces lieux. Tout le tems que cette flotte reſta dans la Baye, la mer fut ſi calme qu'on ne l'avoit jamais vûe ſemblable dans la même ſaiſon ; ce qui ne contribuoit pas peu à décourager les peuples de l'Iſle, qui crurent qu'il ſeroit inutile de vouloir combattre des hommes dont les vents & la mer sembloient favoriſer le parti ; mais ce qui acheva de les déſeſpérer fut les malheureuſes nouvelles qu'on reçut dans ce même tems de la défaite du Roi à *Worceſter*, jointes au bruit qui ſe repandit (quoique faux) qu'il avoit été pris : cela les jetta dans une ſi grande conſternation & abbatit tellement leur courage, que ſi la conduite & les manieres engageantes de leur Gouverneur George de *Carteret*, ne les eut portés à combattre, ils étoient prêts à mettre les armes bas.

L'Ennemi n'entreprit rien le premier jour, ni la nuit suivante. Le 21 Octobre de grand matin, ils firent jouer leurs canons, ausquels répondirent plusieurs petits Forts & Redoutes de la Baye, & 24 piéces de Campagne de bronze, qui servoient à la Milice dans l'occasion. Quelques-unes des plus petites Frégates approcherent même si près de terre qu'on s'y servit de la mousqueterie; les Assiegés y répondirent avec une égale valeur, ils avancerent même dans l'eau en faisant feu sur l'ennemi, & les appellant Rebelles, traitres & meurtriers de leur Roi. Le feu dura 4 heures, après quoi toute la Flotte se retira & vint dans la Baye de *S. Brelard* (éloignée d'environ une lieue de celle de *S. Ouën*) où ayant jetté l'ancre, les Anglois renvoyerent une Escadre à S. Ouën qu'ils venoient de quitter, & d'autres vers la Baye de S. Aubin, & du côté de S. Clement & Grouville, voulant par ce moyen faire croire qu'ils débarqueroient en même tems dans toutes ces différentes Places, afin de faire disperser les Troupes des Jersiens. Ils détacherent en conséquence plusieurs Compagnies pour suivre le mouvement des Ennemis; le gros de la Flotte étant resté dans la Baye de S. Brelard: on y laissa aussi la meilleure partie des Troupes pour s'opposer à la descente.

Le 22 Octobre (jour auquel le Roi débarqua en France) quoique la nouvelle n'en fût reçue à Jersey que quelques semaines après, vers minuit, au clair de lune, on s'apperçut que les ennemis embarquoient sur des Bâteaux plats qu'ils avoient amenés à ce dessein, 10 ou 12 Bataillons d'Infanterie, faisant environ 4000 hommes (autant qu'on le pût conjecturer) pour faire une descente qu'ils tenterent au point du jour sous le couvert de leurs Vaisseaux, qui s'étoient approchés aussi près de terre que la place pouvoit leur permettre. Ils n'épargnerent ni poudre ni plomb dans cette affaire; mais se voyant battus de deux Forts élevés dans la Baye, & appercevant sur le rivage des Insulaires en état de les bien recevoir, ils jugerent à propos de se retirer vers leurs Vaisseaux, qui leverent l'ancre aussi-tôt & retournerent à S. Ouën, ne laissant que dix-neuf Vaisseaux de guerre dans la

Baye de S. Brelard. Cela obligea le Gouverneur de les suivre de nouveau à S. Ouën, après avoir posté quelques Compagnies de Milice, sa Compagnie de Fusiliers & tous les Dragons, pour observer ceux qui restoient à Saint Brelard. Les ennemis étant arrivés à S. Ouën, tournerent au Nord sur l'Etak, la pointe la plus avancée de cette Baye, comme s'ils avoient eu dessein de débarquer dans cet endroit. Les Insulaires les y suivirent; mais ils s'apperçurent bientôt qu'on n'avoit dessein que de harceler leurs Troupes, car tout-à-coup les Anglois virerent de bord en allant vers la pointe opposée, mouvement que les forces de de terre suivirent aussi. Le canon des ennemis continuoit toujours à faire un feu terrible, auquel on répondoit de la même maniere que le jour précédent.

La nuit étant survenue, on crut devoir envoyer les troupes se rafraîchir dans les Villages voisins; il y avoit trois jours & deux nuits qu'elles étoient sous les armes, & étoient extrêmement fatiguées par tant de marches & contremarches; elles étoient d'ailleurs fort incommodées d'une petite pluie qui n'avoit pas cessé depuis qu'elles étoient en action. L'infatigable Gouverneur, avec quelque Cavalerie qu'il avoit avec lui, ne quitta pas un moment la place pendant tout ce tems; les ennemis furent renforcés ce même jour d'une nouvelle Escadre qui joignit la flotte un peu avant la nuit.

A la faveur de l'obscurité de

cette nuit, les ennemis débarquerent un bataillon, qui fut aussi-tôt chargé par le Gouverneur & sa petite troupe de Cavalerie. L'action fut des plus sanglantes & couta beaucoup de monde à l'un & l'autre parti; mais l'Infanterie qui étoit dispersée sur les côtes n'ayant pas eu le tems de joindre cette poignée de Cavalerie, & le nombre des ennemis augmentant à chaque instant, ce petit Corps ne put leur résister plus long-tems.

A peine furent-ils débarqués, qu'ils se répandirent dans l'Isle où ils commirent mille désordres dans les Eglises; sans parler des extorsions, des rançons sur les biens, & des autres véxations que souffrirent alors les Habitans de l'Isle, tous ceux qui tenoient le parti du Roi ayant été traités de même.

On

On fit de grandes réjouiſſances en Angleterre pour la priſe de Jerſey; le Parlement craignoit que les Habitans au déſeſpoir, & plutôt que de reconnoître leur pouvoir, ne ſe donnaſſent aux François, ou que le Roi preſſé par ſes beſoins ne la vendît à cette Couronne pour une ſomme d'argent. Il eſt certain qu'on envoya à peu près dans ce tems une Lettre à l'Aſſemblée de Weſtminſter, qui l'informoit que le dernier Comte de *S. Alban* & *Richard Gréenvill* étoient alors à la Cour de France pour traiter quelque choſe d'approchant; & quoiqu'il ſe trouva que c'étoit une mépriſe, cela ſervit à précipiter les réſolutions du Parlement, qui conſidéra que ſi cette petite Iſle avec 10 ou 12 Corſaires ſans aucun ſecours de la France étoit en état par le ſeul avantage de ſa ſituation de troubler la navigation & le commerce de la Manche, combien mieux ſe trouveroit-elle en état de le faire en tombant entre les mains des François ; elle deviendroit l'aſyle de tous les Corſaires de cette Nation.

Quoique cette Iſle fût priſe, les Châteaux ne l'étoient pas encore. George de Carteret s'étoit enfermé dans celui d'*Eliſabeth* avec la Nobleſſe & les gens d'Egliſe, ce qui joint à la Garniſon pouvoit ſe monter à 350 hommes en état de combattre. L'on aſſiégea le Château, & l'on plaça pluſieurs batteries ſur l'éminence de *S. Helier*, qui ne firent d'autre dommage que d'abattre les parapets qui furent bientôt réparés. Le Gouverneur ayant alors reçu la nouvelle de l'heureuse arrivée de Sa Majesté en France, lui dépêcha M. *Poingdestre* pour l'informer de la situation de la Garnison. Pendant ce tems les ennemis voyant le peu d'effet de leur canon, éleverent une batterie de mortiers & bombarderent le Château; une des bombes étant tombée sur l'Eglise, & ayant percé deux fortes voutes sous lesquelles étoit une grande quantité de poudre & autres munitions de guerre, elle fit sauter l'Eglise qui ensevelit plus de 80 personnes de la Garnison sous ses ruines. Cet accident jetta une grande consternation parmi le reste, & précipita la reddition de la Place: cependant le Gouverneur avant d'entamer aucune capitulation, envoya au Roi le Docteur *Durel* son Chapelain, depuis Doyen de Windſor, (M. *Poingdeſtre* n'étant pas encore de retour) pour ſçavoir s'il devoit compter ſur quelque ſecours de ſa part, promettant, à l'aide d'un petit renfort, non-ſeulement de garder le Château, mais encore de chaſſer entierement les ennemis de l'Iſle. Le Roi après pluſieurs efforts auprès de la Cour de France, qui ſe trouvoit alors dans des engagemens qui ne lui permettoient pas de lui fournir ce ſecours, fit dire au Gouverneur qu'il étoit très-ſatisfait de ſon courage & de ſa bonne conduite dans la défenſe de l'Iſle, perſuadé que perſonne ne pouvoit rien faire de mieux pour ſon ſervice que ce qu'il avoit fait, que le mauvais état de ſes affaires ne permettoit pas même de lui promettre du ſecours, quil devoit ſonger au lieu de ſacrifier la vie de tant de braves gens, à les conserver pour une meilleure occasion; enfin de capituler & de se rendre sous les conditions les plus avantageuses qu'il pourroit obtenir, ce qui fut fait quelques semaines après sous d'honorables conditions.

Charles II. ayant été rétabli sur le trône, n'oublia point les services de ses Sujets de Jersey; & pour leur donner une preuve du soin particulier qu'il prenoit de leur sureté, il fit augmenter encore les fortifications du Château *Elisabeth* pendant la guerre qui s'éleva dans l'année 1665. entre la France & cette Couronne.

La prudence & la résolution des Magistrats firent encore la sureté de Jersey pendant les troubles & les révolutions qui arriverent sous Jacques II. Ils eurent la précaution de faire monter la garde au Château Elisabeth par un nombre d'Habitans égal à celui de la Garnison, dont les Chefs étoient pour la plûpart Catholiques Romains, ce qui faisoit craindre qu'ils n'eussent dessein de la livrer à l'ennemi.

ntio
fey.

ru
nc

CHAPITRE II.

Description de l'Isle.

L'Isle de Jersey est située dans la Baye de *S. Michel*, entre le Cap de la *Hague* & le Cap *Forchelles*. Le premier en Normandie, le dernier en Bretagne : ces deux Promontoires s'apperçoivent aisément de l'Isle lorsque le tems est serain. La terre la plus voisine est la Normandie ; le trajet en est si court, qu'on découvre les Eglises & les Maisons d'une côte à l'autre. Situation de Jersey.

Elle est placée suivant la Carte des triangles de M. de Cassini, sous le 49 deg. 5 minut. de latitude, & sous le 4 deg. 40 min. de longitude Occidentale de Paris. Latitude & longitude.

Dimension. Elle n'a pas plus de 12 mille de longueur, & sa largeur est dans sa plus grande étendue de 6. ou 7.

Figure. Sa figure ressemble assez à un parallelograme, dont les plus grands côtés sont au Nord & au Sud, & les plus petits à l'Est & à l'Ouest : le côté du Nord est une chaîne de montagnes & de rochers, élevés dans certains endroits de plus de 50 brasses au-dessus de l'eau. Le côté du Sud est beaucoup plus bas, & est en quelques endroits entiérement de niveau avec la mer.

Son profil ne peut mieux être comparé qu'à un triangle rectangle, dont la mer sera supposée faire la baze ; les montagnes & rochers, le cathetus, & la surface de l'Isle, l'hypothenus qui s'abaissant insensiblement du Nord au Sud, forment la figure suivante.

JERSEY.

Cette ſituation lui donne deux grands avantages. Le premier vient de ce que les petits ruiſſeaux qu'on trouve en grande quantité dans cette Iſle, coulent avec un mouvement plus acceleré, & en plus grande abondance, que ſi l'Iſle étoit élevée au milieu & que les courans deſcendiſſent également vers la mer; ce qui leur donne aſſez de force pour faire tourner 30 ou 40 Moulins qui ſervent à tout le Pays. Cette remarque feroit de peu d'importance dans un plus vaste Pays, mais elle est essentielle dans une aussi petite Isle.

Le second avantage qu'elle retire de cette situation est que par la pente de la terre du Nord au Sud, les rayons du Soleil tombent plus perpendiculairement sur sa surface, que si elle étoit de niveau & parallele à la mer, ou ce qui seroit pire encore, si elle declinoit du Sud au Nord, comme fait celle de Guernesey : car par une opposition singuliere à Jersey, la terre en est élevée du côté du Sud, & basse du côté du Nord ; ce qui fait, pour ainsi dire, une double obliquité, l'une qui vient de la position naturelle du Soleil, sur-tout dans le tems du Solstice d'Hyver ; l'autre de la situation de la terre. C'est cette raiſon qui fait la grande différence, qu'on remarque dans la qualité du ſol & de l'air de ces deux Iſles.

GUERNESEY.

Cette pente de Jerſey n'eſt pas auſſi douce & auſſi unie qu'on pourroit le croire; ſa ſurface eſt au contraire extrêmement inégale, il y a preſque toujours à monter & deſcendre; car de même que le côté du Nord n'eſt qu'une chaîne de montagnes, coupée de quel- Inégalité de ſa ſurface.

ques petits côteaux; ainſi le S. S. E. & S. Oueſt eſt rempli de fertiles vallons, qui vont en s'élargiſſant de plus en plus juſqu'à la mer, où ils ſe terminent en d'excellens pâturages. M. *Poingdeſtre* penſoit que l'Iſle contenoit d'autant plus de terrein qu'elle étoit plus inégale; mais il eſt démontré qu'un Pays exactement de niveau contient autant de Maiſons & d'Habitans, produit autant d'Arbres, de Plantes, &c. qu'un autre dont la ſurface ſeroit auſſi inégale qu'elle puiſſe être, mais dont la baze ou le plan ſeroit égal au premier; ainſi dans la meſure d'un Pays on n'a point égard aux éminences ou cavités qui ſe trouvent ſur ſa ſurface, mais ſeulement à la baze ou plan du même Pays.

Nature du Sol.

La nature du Sol eſt très-variée, les terres plus élevées ou plus basses, en font la différence; les plus élevées sont pour la plûpart pierreuses, pleine de cailloux & de rocs, quelques-unes en sont cependant très-bonnes; les plus basses sont profondes, grasses & riches; celles qui sont les plus voisines de la mer sont un peu sabloneuses en quelques endroits; mais en général il y a fort peu de terrein aride dans toute l'Isle, & presque pas dont la culture ne soit profitable & ne puisse recompenser les soins du Laboureur.

On doit en excepter une assez large étendue de terre à l'Ouest de l'Isle, qui a été si couverte de sables depuis 260 ans, que ce côté ressemble à un désert; peut-être ces grands vents d'Ouest qui y soufflent dans toutes les saisons de l'année, & qui dans ce côté, ſur-tout de l'Iſle, élévent journellement les ſables du piéd juſqu'au ſommet des rochers, peuvent avoir occaſionné ce déſaſtre.

Fertilité. L'Iſle produit toutes ſortes d'arbres, arbriſſeaux, fruits, racines, fleurs, légumes & ſimples, toutes ſortes de grains & de froment, de même qu'en Angleterre. Ce dernier n'y eſt pas en auſſi grande abondance ni auſſi parfait, les grains & le froment y étant généralement de plus petite eſpéce. Depuis le grand progrès du Cidre, il y a peu de biere & de houblon dans cette Iſle, & par conſéquent ſi peu d'orge employé à cet uſage, que les plus pauvres gens en font du pain, qui eſt à la vérité gros & noir à la vûe, mais très-bon d'ailleurs & très-nourriſſant, & qui n'eſt pas même déſagréable au goût.

Quand le Docteur *Heylin* fut dans cette Isle, il y trouva le peuple plus adonné à l'Agriculture qu'aux Manufactures & à la Navigation. C'est pourquoi il dit dans sa Cosmographie, que l'Isle est très-fertile en froment, dont les habitans recueillent non-seulement assez pour eux-mêmes, mais encore pour en trafiquer à Saint Malo avec les Marchands Espagnols. Les choses ont bien changé de face depuis le sejour du Docteur dans ce Pays; les peuples n'y ont plus la même inclination, & l'Isle ne produit pas à présent la quantité de froment nécessaire à la consommation des habitans, qui sont obligés de le tirer d'Angleterre ou de France (en tems de Paix) ou de Dantsick en Pologne, où il est souvent à très-grand marché.

Décadence de l'Agriculture.

Les causes qui ont fait tomber l'Agriculture dans ce Pays, sont : 1°. Les progrès de la Navigation & du Commerce étranger qui ont enlevé beaucoup d'hommes, employés auparavant au travail de la terre, pour aller chercher des bleds étrangers, qui revenoient à meilleur marché que celui du Pays. 2°. L'accroissement de la Manufacture de Bas, qui a donné aux Pauvres une molesse qui leur fait regarder avec aversion les travaux pénibles de la Campagne. 3°. Enfin la grande étendue de terrein convertie en Jardins & Vergers, dont le Pays s'est trouvé trop rempli, tandis qu'il manquoit du plus nécessaire à la vie. Les guerres qui survinrent entre la France & l'Angleterre, sous le Regne du Roi Guillaume & de la Reine Marie, en faisant

faiſant tort au Commerce & à la Navigation, tirerent un peu le peuple de ſon erreur, & lui firent reprendre les travaux de l'Agriculture; deſorte que l'Iſle ſe remit en état de ſe ſubſtanter, partie par elle-même, partie à l'aide de l'Angleterre.

Enclos.

Un des grands obſtacles à l'Agriculture qu'il n'eſt pas aiſé d'y lever, c'eſt la prodigieuſe augmentation d'enclos, de hayes, d'avenues & de grands chemins, qui peuvent contribuer à la beauté & à la force de cette Iſle, mais qui ne ſont pas proportionnés à ſa grandeur, & embraſſent un terrein qui eût pû ſervir à quelque choſe de mieux; car ce que nous venons de dire, joint aux Jardins, Vergers, grandes Cours & iſſues de Maiſons, prenent près d'un tiers de toute l'Iſle. Les hayes n'y ſont pas comme en France ou en Angleterre ; ce ſont des eſpéces de boulevards de terre, complantés de chênes, élevés avec beaucoup de peines & de dépenſes juſqu'à la hauteur de 6. 8. & quelquefois 10 pieds, avec une ſolidité & une épaiſſeur proportionnée à la hauteur, autour deſquels on éleve en pluſieurs endroits des pierres juſqu'à une certaine hauteur ; deſorte qu'il ſemble voir le dehors d'une courtine de fortification ; ce qui pourroit ſervir à diſputer le terrein pied à pied à l'ennemi, s'il étoit entré dans l'Iſle ; mais leur multiplicité eſt toujours très-préjudiciable, par le trop grand eſpace qu'ils occupent dans un Pays, où il n'y en a déja que trop peu par rapport au nombre des habitans.

Ces enclos ſont très-contraires aux plaisirs de la Noblesse, qui ne peut guére chasser, surtout à cheval, que le long des Côtes de la mer, dans quelques piéces des plus mauvaises terres, qu'on laisse ouvertes ou qui ne sont entourées que de fort petites hayes.

Grands chemins.

Après avoir parlé du préjudice que portoit à l'Isle le nombre de grands chemins; il ne sera pas mal-à-propos de faire connoître ici les trois sortes qu'on en distingue dans l'Isle. 1°. Le chemin du Roi, large de 12 pieds au milieu & de 2 pieds de chaque côté, ce qui fait en tout 16 pieds. 2°. Le chemin de 8 pieds & 2 de chaque côté, faisant 12 pieds de largeur, & 3°. Le chemin de 4 pieds destiné seulement suivant l'usage des Romains aux Bêtes de charge. Il y a des Officiers dans chaque Canton qui ſont appointés comme Inſpecteurs de ces chemins, & tous les ans il y a une viſite de Magiſtrats dans une ou pluſieurs Paroiſſes, pour examiner ſi l'on a eu ſoin de les reparer; ce qui ſe fait avec beaucoup de ſolemnité. Le Connêtable de la Paroiſſe où doit ſe faire la viſite, prend douze des notables de ſa Paroiſſe, & va au-devant du Juge accompagné de trois ou quatre Jurés à cheval, ayant à leur tête le Commiſſaire, ſon bâton d'Officier élevé, un des bouts appuyé ſur le pommeau de ſa ſelle (*cela ſe faiſoit autrefois avec une lance.*) Il tient le milieu du chemin, le Connêtable & ſes douze hommes marchent à ſes côtés; & ſi par hazard le bâton touche en paſſant quelques branches pendantes ſur le chemin, le Propriétaire ou *Bordager* eſt mis à l'amende; mais ſi cela n'arrive qu'au bord du chemin ce ſont les Inſpecteurs du Canton qui payent l'amende.

Il y avoit autrefois une autre ſorte de chemin, & d'un uſage tout différent, appellé *Perquage*, du mot *Pertica*, parce qu'il étoit exactement large de 24 pieds, meſure d'une perche; il n'y en avoit que douze ſemblables dans toute l'Iſle, qui commençoient à chaque Egliſe & alloient ſe terminer à la mer: on s'en ſervoit pour y conduire ceux, qui pour quelque crime capital s'étoient refugiés dans une des Egliſes & avoient été contraints d'abjurer l'Iſle, ſuivant l'ancienne coutume qu'avoient alors les habitans. Après leur abjuration ils étoient con- Perquage.

duits par les Marguilliers sur ces *Perquages* jusqu'à la mer. Ils étoient encore en lieu de sureté sur ces *Perquages*; mais pour peu qu'ils s'en écartassent, ils perdoient l'immunité du refuge & devenoient deslors sujets à la Justice; on peut bien mettre ces *Perquages* au nombre des singularités de cette Isle; mais la réforme qui abolit les aziles, abolit aussi ces chemins.

Agriculture. La façon de préparer la terre dans cette Isle & les adjacentes, différe de celle *d'Angleterre*; elles ne sont point fournies de carriéres de crayes, de chaux ni de marne, mais on y trouve en recompense quelque chose qui leur est bien équivalent pour l'Agriculture, c'est une herbe marine, plus précieuse que les meilleures plantes des Jardins

Vraic. qu'on appelle *Vraie*, anciennement *Veriscum* & quelquefois *Wreccum*; elle croit sur les rochers autour de l'Isle : on ne la cueille qu'en certain tems fixé par le Magistrat & annoncé au peuple par le Crieur public un jour de Marché. Il y a deux saisons pour la couper, l'une en Été & l'autre au Printems. Dans les jours de l'Equinoxe, le *Vraie d'Eté*, quand on l'a bien fait sécher au soleil, sert au chauffage & fait un feu très-ardent ; les cendres en sont très-bonnes pour la terre & valent au moins la même quantité de marne. *Le Vraie d'Hyver*, semé clair dans les guérets & enfoui après sous les sillons avec la charrue, fait un bien inconcevable au sol de la terre, qu'il imbibe de sa substance onctueuse ; il l'échauffe dans les tems de gelée, & tient le pied des bleds frais dans les plus grandes chaleurs de l'Eté. La mer arrache quelquefois dans des tems de tempête une grande quantité de ces herbes dessus les rochers, qu'elle rejette ensuite sur la Côte, où le Laboureur est charmé de les trouver. Il y a des Officiers payés pour en faire une répartition proportionnelle à tous les Laboureurs.

Hayes & Vergers.

Toute l'Isle, sur-tout l'intérieure, est si plantée, qu'elle paroîtroit n'être qu'une seule Forêt à quelqu'un qui la regarderoit de dessus une éminence; mais quand on y entre, on ne voit pas un Bois, à peine quelques taillis; ce ne sont que des Hayes d'arbres & des Vergers: en ne peut rien voir de plus charmant que ce Pays, quand les arbres, qui bordent les grands chemins & les avenues des Maisons

ſons ſont dans leurs verdures, & que les Vergers commencent à fleurir; l'un vous couvre d'une ombre agréable, l'autre vous recrée la vûe & remplit l'air d'une odeur ſuave. Cependant tant d'ombre eſt préjudiciable aux pâturages & aux bleds. Quoiqu'il y ait beaucoup de bois, il y a fort peu de mairain, car preſque tous les arbres ſont étêtés à une certaine hauteur, c'eſt par néceſſité plutôt que par choix qu'on le fait; ſi le Laboureur n'ébranchoit pas, il ne croîtroit rien ſous les arbres.

La boiſſon ordinaire de l'Iſle eſt le *Cidre*, liqueur aſſez ancienne, puiſque *Tertulien & S. Auguſtin* en parlent. Le premier l'appelle *Succum eſt pomis vinoſiſſimum*; l'autre en écrivant contre les *Manichéens*, qui reprochoient aux Catholiques d'être Cidre.

adonnés au vin, dont ils disoient s'abstenir eux-mêmes entiérement ; il leur répond sans nier l'objection, mais en disant à ces Hérétiques que quoiqu'ils refusassent de boire du vin, ils s'enyvroient assez librement d'une autre liqueur, faite de jus de pommes, beaucoup plus délicieuse que le vin ou quelque liqueur que ce fût. C'est de ces passages de *Tertulien & de S. Augustin*, tous deux Africains, que le Cardinal *du Perron*, (qui étoit né dans cette Isle de Parens Protestans) pense que cette liqueur fût d'abord connue en *Afrique*, & de-là passa en Espagne chez les *Biscayens*, dont l'exposition au Nord & les hautes montagnes étoient trop froides pour la vigne ; ce qui leur fit cultiver cet arbre qui croit dans toutes sortes de Pays. Les

Normands, les ſeuls peut-être en *France*, qui ne connoiſſent pas la vigne, tranſporterent le pomier de la *Biſcaye* dans leur Province, d'où cette Iſle l'a tiré.

Il n'y a peut-être pas un Pays au monde qui dans le même eſpace de terrein produiſe autant de *cidre* que Jerſey. M. *Samarès*, dans ſon évaluation du cidre fait dans toute l'Iſle, donnoit une demi acre Angloiſe en verger à chaque maiſon; cela ſe montoit à 3000 demi acres qui font à peu près le nombre d'habitations de cette Iſle. Maintenant en ſuppoſant deux tonneaux par chaque demi acre, cela fera 6000 tonneaux ou 24000 muids: ce qui fait 500 tonneaux ou 2000 muids pour chaque Paroiſſe l'une dans l'autre.

On ne doit pas croire que

l'Isle en produise la même quantité toutes les années; une bonne année est ordinairement suivie d'une mauvaise; mais la bonne en fournit assez pour la suivante, & même beaucoup au de-là de la consommation des Habitans, quoiqu'ils en fassent de grands excès; car il faut que cette prodigieuse quantité de cidre se consomme dans le Pays, parce qu'on en transporte fort peu, & c'est la seule chose qu'il produise en plus grande quantité qu'il n'en a besoin pour sa consommation.

Pour remédier à cet inconvénient, les Marchands s'étoient avisés d'acheter les cidres qui étoient de surabondance & de les brûler pour en faire de l'eau de-vie, qu'ils vendoient après en *Angleterre*; mais les impôts exhòrbitans que le Parlement mit ſur les eaux-de-vie, firent bientôt romber ce commerce.

La plûpart des vergers ſont plantés d'après la maniere du fameux *Quineux*; ils ſont tous dans un ordre admirable, il n'y a point de fruit plus beau ni plus *vineux*, que celui qui croît dans cette Iſle; mais il y eſt en ſi grande abondance, qu'on ne ſçauroit prendre autant de ſoin en cueillant & en faiſant le cidre qu'on fait en d'autres endroits où il y en a moins. Il eſt certain que ſi l'on ſuivoit la méthode d'Angleterre, de choiſir le plus beau fruit, l'amonceler, le laiſſer fermenter, de mettre enſuite le cidre en bouteilles, une grande partie de ce cidre, ne le céderoit ni en goût ni en couleur au fameux *Strake* rouge, dont on fait tant de cas.

Il y a environ 200 ans, on faisoit si peu de cidre dans cette Isle, que les Habitans furent obligés de s'adresser à la Reine *Marie*, alors régnante, pour avoir la permission de transporter tous les ans d'Angleterre entr'autres provisions, 500 tonneaux de Bierre pour leur usage, sans être obligés de payer de droits, outre 150 tonneaux pour la Garnison, ce qu'elle accorda la premiere année de son regne.

Hydromel & Abeilles.

L'ancienne boisson de l'Isle étoit de l'hydromel, car il y avoit beaucoup de mouches à miel, qui étoient d'un grand profit; mais depuis le progrès du cidre, on a négligé les ruches, quoiqu'on ne trouve peut-être pas en aucun endroit d'aussi bon miel que dans ce Pays.

Sources & Fontaines.

Si les hommes pouvoient se contenter de la boisson naturelle, je veux dire de l'eau, aucun peuple de la terre n'en eſt auſſi bien fourni que celui-là : c'eſt quelque choſe d'admirable qu'une auſſi petite Iſle, qui n'a l'air que d'un gros rocher au milieu de la mer, ſoit fournie d'une auſſi grande quantité d'excellentes ſources, qui ſortant de ces gros rochers vont en ſe diviſant en mille petits ruiſſeaux, ſe perdre dans l'Océan. Il y a peu de maiſons qui n'ayent de ces ſources ou de ces ruiſſeaux; celles qui ſont trop élevées pour en avoir, ont des puits, où ſans creuſer plus de 6 ou 7. braſſes au plus, elles ſont aſſurées de trouver une eau très-fraîche & très-ſaine.

On n'y manque pas plus d'eaux minérales que d'eaux communes; il y a une fontaine d'excellente eau minérale, au

Eaux minérales.

jugement du sçavant Docteur *Charleton*, Président du Collége des Médecins à Londres, qui a demeuré dans l'Isle, & fait l'épreuve des eaux avant de les approuver.

Bœufs & Moutons.

Le bœuf & le mouton y sont d'une très-petite taille, mais si tendres & si délicats qu'il y a peu d'Anglois qui ne les préférent à ceux qu'on mange dans une grande partie de l'*Angleterre*; on pourroit avec assez de vrai-semblance en attribuer la raison à l'herbe des pâturages, qui étant très-courte n'a point sans doute autant de bonté que celles de ces grands & riches pâturages d'un autre Pays. On n'y voit à présent que fort peu de ces fameux moutons que les Ecrivains ont mis au nombre des raretés de cette Isle, qui ont six cornes, trois de chaque côté; l'une vient en ſe courbant leur tomber ſur le nez, l'autre eſt courbée en arriere, & la troiſiéme eſt droite entre les deux autres. Il y a aſſez de chevaux, de charettes & charrues, mais peu de bons pour la ſcelle, ce qu'il y en a ſont très-vigoureux & ſupportent mieux la fatigue que ceux des plus belles races. On n'y entend pas parler qu'il y ait jamais eu de chiens enragés.

La chaſſe la plus conſtante eſt celle du liévre & du lapin; il n'y a ni cerfs, ni biches, ni daims, ni renards, ni bêtes fauves en général, à qui il faut plus d'eſpace qu'il n'y en a dans cette Iſle. Chaſſe.

La volaille de toute eſpece, dont il eſt inutile de rapporter les différentes, y eſt en grande quantité. C'eſt là qu'on voit Volaille.

cette fameuſe *Oye deſorland*, dont la génération équivoque eſt encore reçûe comme très-vraie par la plûpart des Habitans, qui diſent qu'elle naît d'un morceau de bois pourri, long-tems agité dans la mer, & imbibé de ſel & de nitre. Il ſe trouve des gens dans le pays qui aſſurent avoir vû ces oiſeaux encore incorporés à la planche de bois; les uns pas plus gros que des moucherons, & de cette figure à peu près; d'autres un peu plus formés, d'autres enfin avec toutes leurs plumes & prêts à s'envoler. On les nomme *Bernacles*, & ils ne ſe voyent qu'autour de la mer dans des tems froids. La perdrix rouge de Jerſey aux yeux de faiſan & aux plumes de différentes couleurs, eſt un des beaux oiſeaux de la nature; on l'envoye ordinai-

Perdrix de Jerſey.

rement vivante en Angleterre comme une rareté, aux gens de condition : mais la chair n'en est gueres meilleure que celle de la perdrix grise commune d'*Angleterre.* La quantité de hayes qui couvrent le Pays y attire une infinité de petits oiseaux de mille especes différentes.

Le marché est fourni pendant tout le cours de l'année d'excellens poissons, dont une partie est le même que celui d'Angleterre; il y en a d'autres qui sont particuliers à ce Pays. Il y a des huîtres, des houmars, des cancres en grande quantité & à très-bon marché; on y trouve aussi l'ormer qui n'est connu que dans ces Isles. Ormer (dit M. *Poingdestre*) est un abrégé d'oreille de mer, nom qui lui a été donné à cause de Poissons.

ſa figure qui reſſemble aſſez à l'oreille d'un homme. La maſſe de chair qui eſt dans la coquille eſt une eſpéce d'huître très-blanche, fort douce & ſavoureuſe. La coquille en dedans eſt de la couleur des nacres de perles & l'on s'en ſert pour incruſter; il n'a point de coquilles deſſous comme l'huître, parce que le poiſſon s'attache au roc par le dos, & celle qu'on lui trouve ſert à lui couvrir le ventre; il ſe trouve communément dans la baſſe mer des grandes marées du Printems. Le nombre de ſortes de poiſſons plats eſt infini; il y a des rayes bouclées & non bouclées, de larges turbots, des ſolles, carelets & plies de trois ou quatre eſpéces. Les poiſſons écaillés ſont les mulets gris & rouges, ces derniers ont une chair ferme & délicate; les bafes, qui s'amaffent en fi grande quantité près de la terre, qu'on en prend quelquefois des charettées à la fois, parmi lefquels ils s'en trouve de $\frac{3}{4}$ d'aulne de long; mais les plus communs, & qui fe trouvent en tout tems, font ceux qu'on nomme *vraies*, de la taille & du goût à peu près d'une carpe, qu'on peut appeller carpes de mer, &c. Pour les poiffons à peau, tels que ceux qu'on y connoît fous le nom de *Hans*, *Rouffes*, *Rouffets*, &c. ils y font très-communs, & il n'y a que le plus bas Peuple qui en achette, ou les Maîtres pour leurs Domeftiques & Laboureurs; c'eft une chair groffiere, & on les y donne prefque pour rien; mais on peut appeller la mer des environs de Jerfey & de Guernefey le Royaume des

Congres ; il s'y en trouve en toute ſaiſon, & on y en prend quelquefois qui peſent depuis 40 juſqu'à 50 livres. *Otho de Grandéſon*, Gouverneur de l'Iſle ſous le régne d'*Edouard I.* & d'*Edouard II.* mit un impôt ſur les congres & ſur les maquereaux pêchés autour de ces Iſles, & ſalés pour être tranſportés, qui ſe monta à 400 livres tournois dans une année, à un liard tournois par chaque congre de dix livres & au-deſſus, deſtiné au tranſport.

Si l'on vouloit faire l'hiſtoire naturelle de cette Iſle, on pourroit s'étendre davantage ſur ce ſujet, & faire mention de nombre d'autres qui ſe pêchent aux environs, tels que le *Lançon*, c'eſt-à-dire, une petite lance (car il y reſſemble aſſez) qui ne ſe prend jamais dans l'eau, mais ſur des bancs de ſable que la mer laiſſe à ſec en ſe retirant; il s'y cache & s'y enfoüit aſſez avant, juſqu'à ce qu'on remue le ſable avec une pelle, alors on le prend avec la main; la nuit eſt le tems le plus favorable à cette pêche, car le poiſſon fraye ſur le ſable & on l'apperçoit aiſément à la brune; les *Tingrels* qui ont la dent fort dangereuſe & ſont armés de piquans; une autre eſpéce de couleur de ſang, qui a la tête & le col auſſi gros que le reſte du corps, & que les Pêcheurs appellent *Gronnard*, du bruit qu'il fait dans l'eau; la *Sirene* ou *demi-Femme*, à qui l'on a donné ce nom, parce qu'elle a deux mammelles comme une femme; mais elle n'y eſt pas commune.

Ce Pays, étant ſi bien fourni par la mer, peut aiſément ſe

paſſer de poiſſon d'eau douce; auſſi ne s'y en trouve-t-il que fort peu, faute de grandes rivieres; il y a cependant des réſervoirs qui donnent de très-bonnes Carpes; un ſur-tout à l'Oueſt de l'Iſle, appartenant au Seigneur de S. Ouën, où il croît une Carpe d'une taille ſi extraordinaire & d'un ſi excellent goût, qu'on auroit peine à en trouver de ſemblables en Europe; il en a été envoyé en Angleterre de 3 pieds 4 pouces de longueur.

Excellentes Carpes.

Crapaux.

Un des grands déſagrémens de cette Iſle eſt la quantité incroyable de Crapaux, dont la terre eſt couverte, ſur-tout en Été, & dans les tems humides. La vûe en eſt très-diſgracieuſe, particuliérement aux Etrangers; il y a lieu de croire qu'ils ne ſont pas vénimeux, car on n'entend n'entend pas dire qu'ils ayent jamais fait de mal à perſonne, quoiqu'il s'en trouve dans les meilleures eaux du Pays, & parmi les fruits, dans la ſaiſon où ils tombent; c'eſt même une opinion aſſez généralement reçue des habitans, que ces laids animaux pompent les impuretés des élémens & contribuent par-là à la ſanté; ce qu'ils démontrent par l'exemple contraire de Guerneſey, où l'on n'a jamais trouvé de Crapaux vivans, & dont le ſejour ne paſſe pas pour être auſſi ſain qu'il l'eſt à *Jerſey*.

Température de l'air.

L'air y eſt tempéré & l'Iſle en général très-ſaine; cela doit être ainſi quand on conſidére l'élevation & la pente de la terre, & par conſéquent la rapidité des ruiſſeaux jointe aux vents frais qui y ſoufflent continuellement, & en enlevent les ſels répandus dans l'air. Les cauſes qui rendent un Pays mal-ſain ſont ſes bas fonds, ſon air marécageux & ſes eaux; de-là vient qu'on voit des hommes dans ce climat parvenir à un âge fort avancé; on n'y eſt cependant pas exempt de maladies : les plus communes du Pays ſont les fiévres du Printems & d'Automne; le froid n'y eſt pas ſi rigoureux qu'en beaucoup d'autres endroits ſous la même latitude, mais on y eſt plus ſujet aux ouragans cauſés par les vents d'Oueſt, qui s'y font ſentir une grande partie de l'année, & contre leſquels il n'y a point d'autre abri que le grand continent de l'Amérique, qui en eſt la terre la plus proche de ce côté.

Cette longue & ſurprenante

chaîne de rochers, qui environnent l'Isle, partie au-dessus, partie au-dessous de l'eau, & la quantité de rapides courans & d'eaux de mer qui coulent entre ces rochers, rendent l'approche de l'Isle assez périlleuse à ceux qui ne connoissent pas bien la Côte, & sans doute la place est plus redevable de sa force à la nature qu'à l'art. Il est assez probable qu'une grande partie de ces rochers étoient autrefois en terre ferme, mais que la violence de la mer a enlevé toute la terre qui étoit autour, & n'a laissé que ce qu'elle n'a pû dissoudre. Dans la Paroisse de *S. Ouën* la mer a englouti un assez riche Canton, il n'y a que 400 ans; l'on apperçoit encore quand la mer est basse, des restes de bâtimens entre ces rochers, & l'on trouve quelquefois sur

Rocs & Marées.

le ſable après une tempête, de grandes piéces de bois de chêne. Les Regiſtres de l'Echiquier font mention d'un peuple qui habitoit cette portion de terre, & il y a environ 1100 ans que la petite Iſle où eſt bâti le *Château Eliſabeth*, fut détachée de la terre ferme. Les Marées autour de ces Iſles différent de celles du reſte de la Manche, & ſont aſſez extraordinaires. L'embouchure de la Manche leur donne les premiers mouvemens, & elles reçoivent enſuite différentes impreſſions des détroits par où elles paſſent. Le premier flot vient à l'E. S. E. dans la Baye de *S. Michel*, qui eſt très-baſſe & très-plate; la mer monte ordinairement dans cette Baye juſqu'à 15 ou 20 mille & la remplit en deux heures de tems: là le mouvement de marée est arrêté & repoussé au Nord le long de la Côte; desorte qu'elles font le tour de l'Isle en 12 heures; les courans s'y succédent tellement les uns aux autres, qu'on n'y voit jamais l'eau tranquille, comme dans le reste de la Manche en tems de basse mer.

Bayes. Les principales Bayes & Ports de l'Isle, sont S. Ouën, S. Brelard, S. Aubin, Grouville, Ste Catherine, Rosel, Bouley, outre plusieurs autres petits Ports marqués sur la Carte.

Division de l'Isle. Toute l'Isle se peut diviser en douze Paroisses, suivant cet ordre.

Paroisses.

1. La Trinité }
2. S. Jean. } au Nord.
3. Ste Marie }
4. S. Ouën. } à l'Ouest.
5. S. Pierre. }
6. S. Brelard ou Brevelart;

car on lui donne ce nom, dans d'anciens Regiſtres & non pas S. Brelard.

7. S. Laurent.		
8. S. Helier.	}	au Sud.
9. S. Sauveur.		
10. S. Clement.		
11. Grouville.	}	à l'Eſt.
12. S. Martin.		

Ces Paroiſſes ſe ſubdiviſent encore en Cantons qu'on appelle *Vingtaines*, marquées ſur la Carte.

Villes.

S. Helier. La Ville Capitale eſt *S. Helier*, ſituée au Sud près de la mer ; elle eſt aſſez bien bâtie & peut avoir environ 1000 habitans, qui ſont pour la plûpart Négocians, Marchands & Ouvriers, la Nobleſſe & les Gens du bel air demeurent ordinairement à la Campagne ; c'eſt-là où ſiége la Juſtice : il s'y tient un Marché comme une Foire tous les Samedis, où se trouvent les Bourgeois, autant pour se voir que pour leurs affaires.

La Ville la plus remarquable après S. Helier, est celle de S. Aubin (ou S. Albin) éloignée d'environ trois milles de la premiere, située dans la même Baye; elle est aussi très-frequentée par les Marchands à cause du Port, qui est le meilleur de l'Isle; ils s'y assemblent tous les lundis pour les affaires qui regardent la Navigation & le Commerce étranger. On y bâtit en 1692. un Mole à l'imitation de Guernesey, pour y mettre à l'abri les Vaisseaux, qui se trouvoient avant la construction de ce Mole trop exposés à un vent de Sud & Sud-Est. S. Aubin.

Il est inutile de parler ici des autres petites Villes & Villages dispersés dans l'Isle, tout étant Nombre d'Habitans.

ſi peuplé & ſi rempli d'habitations, qu'elle reſſemble plutôt à un ſeul grand Village qu'à une Campagne. Le nombre des habitans eſt de 15. à 20000. en comptant hommes, femmes & enfans.

Bâtimens. Les Bâtimens publics & particuliers y ſont aſſez ſolidement conſtruits, étant tous de pierres; les moindres Maiſons ſont bâties de la pierre la plus commune de l'Iſle. La façade des Maiſons de la Nobleſſe & des riches Marchands eſt ordinairement de pierres blanches ſculptées, qu'on tire ſoit de *Chauſé* (petite Iſle Françoiſe, dont on a déja parlé, & qui en fournit auſſi S. Malo) ou du Mont *Mado*, qui eſt une carriere inépuiſable d'excellentes pierres au Nord de l'Iſle. La pierre de Chauſé eſt bleuâtre, celle du

Mont

Mont *Mado* eſt d'un gris rougeâtre, qui reſſemble aſſez au Porphire commun; l'un & l'autre ont beaucoup d'apparence. Ces Bâtimens durent 2 ou 300 ans, & ſurpaſſeroient tout ce qu'on peut voir ailleurs, ſi l'intérieur répondoit à l'extérieur; mais le peuple de ce Pays fait plus de cas de ce qui eſt ſolide & durable, que de ce qui ne ſert qu'à l'embelliſſement. Ils ont une raiſon aſſez plauſible pour cela, c'eſt que le bail des Maiſons & des Terres, n'eſt pas ſeulement à vie ou pour un tems limité, mais à perpétuité; deſorte qu'il n'eſt pas ſurprenant qu'un homme qui fait bâtir prenne tant de ſoin de rendre ſolides les Maiſons qu'il veut louer, afin qu'elles n'ayent pas beſoin de réparations, non-ſeulement pendant ſa vie, mais encore pour les faire passer en bon état à sa postérité, qui est charmée de recevoir après lui la rente des Baux qu'il a faits. Les plus magnifiques Maisons de Campagne qui soyent dans l'Isle sont à S. Ouën, Samarés, la Trinité, &c.

Langue. Le Langage ordinaire du Pays est le *François*, tous les Sermons & Plaidoyers publics se font en cette langue; elle ne s'y parle pas à la vérité avec la même pureté & la même élégance qu'en France: mais quand on considére le Jargon qui est en usage dans quelques unes des Provinces de ce Royaume, comme dans le Dauphiné, la Provence, le Languedoc, la Gascogne, la Bretagne, &c. On ne doit pas être surpris d'entendre dans cette Isle & les adjacentes des phrases & des mots peu usités. Quoique le François soit la langue générale du Pays; il y a cependant peu de Gentils-hommes, de Marchands, ou de notables Habitans, qui ne parlent assez bien l'Anglois.

Commerce & Manufactures.

Le Commerce fait la richesse d'une Isle; c'est pourquoi les Habitans s'étoient appliqués avec succès à l'augmenter avant la guerre de *Louis XIV*. avec le Roi *Guillaume*. Ils négocioient non-seulement en Angleterre & en France, mais encore en Espagne, Portugal, Hollande, Norvege, dans la mer Baltique & dans les Colonies Angloises à l'Amérique; mais le voisinage de S. Malo, ruina leur Commerce. La plus considérable & la plus constante Manufacture de cette Isle est celle de Bas, que cette guerre affoiblit aussi beaucoup ; ils ſont fabriqués de laines Angloiſes, dont le Parlement permit l'exportation juſqu'à une certaine quantité, pour la Manufacture de ces Iſles. Il s'en fait communément juſqu'à 6000. (d'autres diſent 10000.) paires par ſemaines dans Jerſey; ils ſont vendus tous les ſamedis dans S. Helier à des Marchands, qui trouvent moyen de les diſperſer de-là dans toutes les parties de l'Europe. L'Angleterre leur fournit toutes ſortes de Clinquailleries, Epiceries, Ameublemens, Ouvrages en cuivre & en fer, qu'ils payent comptant, ce qui enleve une ſomme aſſez conſidérable d'argent du Pays.

Les Métairies n'y ſont pas d'une grande étendue, puiſqu'il eſt fort difficile à un homme, quelqu'induſtrieux qu'il ſoit, d'augmenter son Patrimoine, dans un Pays si peuplé, & où la terre ne se vend guéres au-dessous du denier trente. Le partage égal qui se fait d'ailleurs entre les fils & les filles (appellé *Gavelskind* en Angleterre, est d'un usage fort ancien dans cette Isle.) Il détruit beaucoup de beaux héritages en les divisant en tant de petites parties, qui se trouvent encore subdivisées la génération suivante, c'est-à-dire, peut-être 20 ans après en de moindres parts, & ainsi toujours en progression jusqu'à ce que les parties de l'héritage se trouvent réduites à presque rien. Les Biens réels y consistent en terres ou en rentes; mais plus communément dans les dernieres, qui sont pour la plûpart constituées de cette maniere. Le Propriétaire d'un Bien le loue à un autre pour tant de mésures de Froment, payables à perpétuité tous les ans à Pâques; c'est ce qu'on appelle une rente qui se paye en espéces depuis ledit terme de Pâques, jusqu'au jour de S. Laurent suivant; après lequel tems elle doit être payée en argent, suivant une regle établie par la Cour Royale, qui a coutume de s'assembler ce jour-là; & l'état qu'on leur remet du prix du Bled tous les jours de marché du samedi, pendant toute l'année, fixe & détermine le prix des rentes qui restent à payer. Ainsi la maniere de compter un Bien dans le Pays, n'est pas par livres, mais par mésures de Froment; c'est pourquoi quand on demande combien un homme posséde de Bien, on ne demande pas (comme en Angleterre) combien il a de livres sterlings de revenu, mais combien il a de mesures de Froment. La valeur annuelle d'une mesure de Froment excéde rarement 12 liv. mais dans les plus fertiles années elle vaut à peine 9 liv. les 12 liv. dans ce tems valoient 18 schellings & les 9 livres, 14 schellings monnoye de France, ayant cours dans cette Isle; cela rend la valeur du Bien variable & incertaine; puisque le prix du Bled dans les Marchés de chaque année la fait hausser ou baisser. Une autre façon de créer des rentes est celle-ci: un homme qui a du Bien & a besoin d'argent, quand il ne peut ou ne veut pas en emprunter, se charge lui & sa postérité de payer annuellement & à perpétuité telle quantité de mesures de Froment; ces sortes de rentes se sont si multipliées dans ce Pays, qu'il y a plus de Froment dû de cette maniere toutes les années, qu'il n'en croit en deux ans dans toute l'Isle. Tous les billets n'y sont pas personnels comme en Angleterre, mais ils ont hypotéque sur les Biens réels & personnels du débiteur.

Familles. Il y a beaucoup d'anciennes Familles dans cette Isle, non-seulement parmi les Seigneurs & les Nobles, mais encore parmi ceux d'une moindre qualité. Il paroît par les noms & les anciens Regîstres, que la plûpart des Familles sont originaires de Normandie ou de Bretagne, quoiqu'il s'y trouve encore des Familles Angloises du tems du Roi *Jean*.

Les Nobles qui possédent des Seigneuries ou des Fiefs

dans cette Isle en portent ordinairement le nom; ainsi Charles de Carteret, Seigneur de Saint Ouën, y est appellé M. de Saint Ouën, & de même des autres.

CHAPITRE III.

Du Gouvernement Militaire.

Gouverneur.

LA principale Perſonne de l'Iſle de Jerſey, celui qui repréſente le plus immédiatement la Perſonne du Roi, & qui a la préſéance ſur tous les autres, c'eſt le Gouverneur.

Pendant que cette Iſle fut ſujette aux Rois de France, de la premiere & de la ſeconde Race, les Gouverneurs en portoient le titre de Comtes & Ducs, c'eſt ainſi que *LOYESCON* qui y commandoit ſous les Regnes de *Clotaire* & de *Charibert* l'an 560. eſt appellé *Comte*, comme nous l'apprenons de ceux qui ont écrit la vie de *S. Magloire*, l'Apôtre de cette Iſle.

Amwarith qui eut le même Commandement 200 ans après, ſous *Charlemagne*, eſt appellé *Duc*. Sous les Ducs de Normandie & les premiers Rois d'Angleterre, après la Conquête de ce Royaume, le Gouvernement de toutes ces Iſles ſe donnoit ordinairement à une ſeule Perſonne appellée *Seigneur*, *Bailli* ou *Gardien des Iſles*; mais le Roi *Henri VI*. les donna avec l'Iſle de *Weight* à *Henri de Beauchamp*, Comte de *Warwick*, avec le titre de Roi, comme on le voit encore dans un ancien Manuſcrit de l'Abbaye de *Tewkesburg*, dont fait mention M. *Salden*. Quand on fit des Gouvernemens particuliers de chacune de ces Iſles, les Gouverneurs en furent appellés Capitaines, & enfin Gouverneurs par Ordonnance du Conſeil du du 15 Juin 1618.

Cet Emploi fut anciennement rempli par des Personnes d'un rang fort élevé, & l'on compte parmi les Gouverneurs de cette Isle, les Fils & Freres de plusieurs de ces Rois, comme *Jean* Comte de *Mortain*, (depuis Roi) à qui les Isles furent données en appanage par son Frere *Richard I*, le Prince *Edouard*, (depuis le Roy *Edouard I.*) Fils & Successeur d'*Henri III*, qui en jouissoit sous les mêmes prérogatives du vivant de son Pere *Jean* Duc de *Bedfort*, & *Humphrey* Duc de *Glocester*, tous deux Freres d'*Henri V*.

Revenus du Gouverneur.

Pour soutenir cette dignité, le Roi donne aux Gouverneurs tout son revenu dans l'Isle, dont il se déduit seulement une petite partie pour les épices des Officiers de la Cour; ces revenus consistoient autrefois en sept Métairies, qui étoient le Patrimoine des Ducs de Normandie. Le Roi Henri II. afferma ces Métairies à divers Particuliers pour la somme de 460 liv. tournois par an, ce qui joint à plusieurs autres anciennes rentes d'argent (dont on parle dans le livre des revenus du Roi fait en 1331.) se montoit en tout à plus de 1000 livres tournois; la livre tournois étant alors de la même valeur qu'est aujourd'hui la livre sterling; ils jouissoient encore de quelques terres, prairies, rentes de bleds, aubaines, confiscations, Charges, Tutelles, Coutumes, & autres émolumens qu'on ne compte pas en argent; ce qui lui faisoit un assez beau revenu pour une aussi petite Isle; mais la livre tournois n'a plus la même valeur à présent, il faut 22 liv. 10 s. tournois pour faire la livre sterling d'aujourd'hui ; desorte que les 1000 liv. ne valent pas plus de 44 à 45 livres sterling. On a d'ailleurs fait beaucoup d'aliénation de ce revenu ; il ne consiste, pour ainsi dire à présent que dans la dixme de dix Paroisses de l'Isle, qui ayant été donnée à plusieurs Maisons Réligieuses de Normandie, dans le tems de la Réligion Catholique, fut saisie lors de la réformation au profit de la Couronne, comme aussi dans quelque rentes de mesures de Froment, & quelques autres profits fixes & casuels, le tout ensemble pouvant se monter à environ 15000 liv. tournois par an, de laquelle somme saisant les déductions ci-dessus mentionnées, le reste appartient au Gouverneur, qui a un Commis à ses gages pour la collection dudit revenu qu'on appelle le Receveur du Roi.

Les Rois d'Angleterre faisoient autrefois plus de cas de ce revenu qu'ils ne font aujourd'hui; ils le faisoient servir à payer d'abord tout l'entretien de la Garnison, & le reste étoit remis à l'Echiquier; ils donnoient sur ce reste des appointemens plus ou moins considérables aux Gouverneurs, suivant le dégré de faveur où ils étoient auprès du Prince. *Jean des Roches*, Gardien de ces Isles, sous le Regne d'Edouard III. n'avoit que 40 livres tournois par an à prendre sur ledit revenu. La maniere la plus ordinaire dont en usoient les Gouverneurs, étoit de toucher tout le revenu & de faire une remise à l'Echiquier chaque année; ainsi *Thomas de Ferrariis*, & *Thomas de Hampton*, qui succéderent à *Jean des Roches* en payoient 500 marcs par an, le dernier qui posséda le Gouvernement de cette façon fut *Thomas Germyn*, qui en faisoit au Roi 300 livres par an; ceci n'étoit cependant pas sans exception, car *Philippe d'Aubigny*, *Drogo de Barentin*, *Otto de Grandison*, &c. sous les Regnes du Roi Jean, Henri III. & Edouard I, recevoient & gardoient entiérement ledit revenu comme font les Gouverneurs d'a présent, sans rendre compte, ainsi que faisoient les Fils & Freres des Rois dont nous avons parlé ci-devant, qui ont possédé ces Isles suivant toute apparence en simple Domaine; c'est pourquoi ils étoient à juste titre appellés applés Seigneurs des Isles.

Pouvoir du Gouverneur.

L'autorité des Gouverneurs étoit plus ou moins étendue, suivant que leur Commission le portoit. Anciennement le Gouverneur de cette Isle avoit une puissance mixte ; c'est-à-dire, qu'il avoit l'administration du Civil & du Militaire ; il étoit Juge aussi bien que Gouverneur, disposoit de toutes les Places dans la Cour, dans l'Eglise, ou dans la Garnison ; on le nommoit *Bailli*, qui en langue Gotique signifie *Gardien* ; car il étoit à la fois Gardien de la Terre & Gardien des Loix. Dans la suite des tems il ne se réserva que le Commandement des Troupes, & transfera la puissance Judiciaire sur un autre qui demeura en possession du titre de Bailli, tandis que le nouveau nom qu'il prit de Gardien lui conſervoit la véritable ſignification du premier nom. Ainſi ſe diviſa en deux cette Charge qui d'abord n'en faiſoit qu'une même; cependant celui qui avoit la Partie Judiciaire étoit encore dépendant du Gouverneur, & à ſa nomination ainſi que les autres Miniſtres de la Juſtice; ce qui étoit un grand obſtacle à la liberté de l'Adminiſtration; la Cour étant toujours à la dévotion de celui de qui elle tenoit ſon autorité. Le Roi Jean commença & le Roi Henri VII. acheva l'établiſſement d'une Juriſdiction dans cette Iſle, indépendante du Gouverneur, en lui ôtant la nomination du Bailli, du Doyen, des Officiers du Roi & du Vicomte, lui faiſant défenſes d'interpoſer ſon autorité en matiére purement de la connoiſſance des Tribunaux Civils ou Ecclésiastiques.

Quoique le Gouverneur n'ait proprement aucune Jurisdiction; néanmoins sa présence est en quelque sorte nécessaire à la Cour pour passer certains Actes, tels que ceux qui regardent le Service du Roi, le maintien du repos public, la sureté & le bon gouvernement de cette Isle; la Cour est sous sa protection, & il est obligé d'aider de son autorité le Bailli & les Jurés dans l'exécution de leurs Jugemens; il a pouvoir conjointement avec deux des Jurés de faire arrêter & emprisonner un habitant soupçonné de trahison; aucun habitant ne peut sortir de l'Isle; aucun étranger n'y peut aborder, séjourner, ou s'y établir sans qu'il en soit informé & qu'il ne le permette; on ne peut affermer aucun bien, ni passer d'Actes de cette espèce sans son consentement, avec quelque restrictions cependant, comme nous le dirons ci-après. D'un autre côté à sa réception, & avant qu'il puisse faire aucun Acte qui ait rapport au Gouvernement, il faut qu'il produise sa Commission à la Cour, & qu'il y prête serment de maintenir les libertés & les priviléges de l'Isle.

Son principal ressort est la garde des Châteaux, le Commandement de la Garnison & celui de la Milice; cette derniere est entiérement à sa disposition.

Château Elisabethl.

Le lieu de sa résidence est le *Château Elisabeth*, qu'on appelle aussi le nouveau Château, pour le distinguer de celui de *Montorgueil*, qui est le vieux

Château : on l'appelle aussi quelquefois *l'Islet*, parce qu'il est situé dans une petite Isle de la Baye de *S. Aubin*, & qu'il en embrasse tout le terrein ; la mer l'entoure de toutes parts, excepté lorsqu'elle est basse, alors l'on y peut venir sur les bancs de sable, sur-tout sur un banc de cailloux qui s'y est formé appellé le Pont ; mais cela n'est à sec que l'espace d'environ cinq à six heures ; la terre la plus prochaine en est éloignée de six cent soixante & trois pas géométriques ; il fut commencé l'an 1552. en conséquence d'une Ordonnance du Conseil donnée l'an 1551. qui ordonnoit de vendre toutes les cloches du Pays (n'en réservant qu'une à chaque Eglise) & d'en employer l'argent à sa construction. Sa situation le rend presque imprenable, & fait une grande partie de la sureté de toute l'Isle.

Château de Montorgueil

Le fameux Château de Montorgueil situé sur un promontoire plein de rochers à l'Est de l'Isle, n'est plus rien aujourd'hui; il est tombé entiérement en ruine faute de réparation; il est en quelque sorte commandé par une montagne qui en est très-proche du côté de la terre.

Fort S. Aubin.

Le Fort ou la Tour de S. Aubin est très-utile à la défense de la rade, & à la sureté des Vaisseaux qui demeurent dans le môle & sous le canon de la Place. Ce sont là toutes les forteresses de l'Isle où le Roi tienne Garnison en tems de paix & en tems de guerre, quoiqu'on trouve sur la Carte un autre Château appellé *Grosnez*, à l'Ouest de l'Isle; cependant il

Fort Grosnez.

n'y a pas de Garnison, c'est une vieille fortification inutile, dont il reste peu de chose, & dont on ne fait de cas que parce que ce fut là où se retira *Philippe de Carteret*, quand il fut attaqué par les François sur la fin du Regne de Henri VI.

Pour garantir la côte d'une descente, les Habitans éléverent il y a environ soixante ans dans les endroits qui leur parurent les plus exposés à ce danger des redoutes & des batteries, où ils placerent du canon que le Roi leur envoya de ses Magasins. Chaque Paroisse, outre cela, a deux piéces ou davantage de canon, avec les Officiers Canoniers & Pionniers qui leur sont nécessaires; ce qui peut faire en tout un train d'environ 20 à 30 piéces d'Artillerie, prête à marcher dans l'occasion.

Batteries &c. le long des Côtes.

Garnison. La Garnison consiste ordinairement dans un Bataillon de quelque Regiment Anglois, dont le reste est en quartier à Guernesey.

Milice. La Milice se partage en quatre Regimens d'Infanterie, & un corps de Cavalerie; ce qui peut se monter en tout à environ 3000 hommes.

N'ayant entrepris que de donner un extrait de ce qu'à écrit M. *Falle* sur l'Isle de Jersey, je ne donne point le nombre des Troupes qui composoit la garnison dans ce tems, comme le véritable nombre qui la compose aujourd'hui.

CHA-

CHAPITRE IV.

De la Jurisdiction Civile.

NOus avons fait voir dans le Chapitre précédent comment la Charge de Bailli fut séparée de celle de Gouverneur; ces deux Charges étant auparavant réunies dans la même personne. Le Bailli suivant la présente constitution est un Officier d'une grande dignité; il est le Chef de la Justice & a Commission du Roy même qu'il représente en la Cour; le lieu où il est assis étant plus élevé que celui du Gouverneur. Il ne peut néanmoins agir que conjointement avec les Jurés qui sont au nombre de douze d'institution Royale; mais à la nomination

Bailli, & Jurés.

du peuple. Le Roi Jean se trouvant à Jersey & ayant remarqué que l'administration de la Justice y étoit trop arbitraire par le pouvoir Civil & Militaire, qui se trouvoit entre les mains d'un seul, assisté seulement de ceux qu'on nommoit *Francs-tenans*, encore ne s'administroit-elle que trois fois l'an; il jugea à propos d'y établir la même forme de Jurisdiction pratiquée en Gascogne, consistant en douze hommes qui doivent constamment assister le Bailli & être élus par le peuple. Il les nomma *Jurés Coroners*, comme on le peut voir dans la Chartre de leur création. Autrefois, dit Milord *Coke*, cette Charge fut en grande considération en Angleterre, car on ne pouvoit parvenir à cette dignité sans être Chevalier. Ces douze Magistrats de

Jersey n'y sont à présent connus que sous le nom de *Jurés* ou *Justiciers*, celui de *Coroners* n'y étant plus en usage.

Quand on veut élire un Juré dans Jersey, la Cour donne l'Acte d'élection, fixe le jour (qui est toujours un Dimanche) & nomme un Magistrat de son Corps pour recueillir les voix & les suffrages du peuple. L'Acte se donne au Ministre qui le lit en chaire après le Service divin, & fait un petit discours sur les devoirs & les obligations où s'engagent ceux qui aspirent à cette Magistrature. Ils recommandent ensuite au peuple l'élection d'un tel, que ses connoissances, son habileté, son intégrité, son amour pour la Justice, son zèle pour la Réligion & le Gouvernement établi, & l'intérêt qu'il a d'être attaché à

Election des Jurés.

ſa Patrie, rendent plus que tout autre propre à remplir cette place. Le peuple donne ſa voix à la porte de l'Egliſe en ſortant, & celui qui a le plus grand nombre de voix par toute l'Iſle eſt déclaré dûement élû.

Le Bailli ne peut rien prononcer ſans avoir reçu les opinions des douze; dans le cas où les opinions ſont partagées, il doit être pour la pluralité, mais il eſt libre de choiſir quand le nombre eſt égal de deux côtés.

Officiers de la Cour.

Outre le Bailli & les Jurés, la Cour eſt compoſée de pluſieurs autres Officiers, tels que le Procureur & Avocat du Roi, le Vicomte, le Greffier, ſix Avocats, deux Dénonciateurs ou ſous-Vicomtes, & enfin un Huiſſier qui n'eſt pas un Officier juré, mais qui en eſt cependant un nécessaire au maintien du bon ordre.

La Cour ainsi composée est une Cour Royale, qui connoît de toutes les affaires qui peuvent survenir dans le District de cette Isle, excepté celles de haute trahison ou quelques autres cas graves, dont la connoissance est reservée au Roi & aux Lords de son Conseil Privé. Il n'y a qu'à lui seul à qui cette Cour soit subordonnée ; aucun habitant ne peut être traduit dans quelqu'une des Cours de *Westminster*, lorsque l'affaire est arrivée dans le District de ladite Cour. Pouvoir de la Cour.

Dans les derniers jours du Regne d'Edouard I. & pendant le foible Regne d'Edouard II. cette Jurisdiction reçut un grand échec par les Juges Ambulans qui furent envoyés dans l'Isle, suivant le témoignage qu'en rendent les Regiſtres publics de ce tems-là. Ils inquiéterent tellement les pauvres habitans qu'ils faiſoient paſſer à l'examen non-ſeulement les immunités & les privileges publics, mais encore les titres & les biens des particuliers; enſorte que perſonne n'étoit aſſuré de ce qu'il poſſédoit. Ces troubles continuerent jusqu'à la cinquiéme année du Regne d'Edouard III. lorſque ſur une demande des deux Iſles qui ſe trouve encore dans le Tréſor de Weſtminſter, ce Tribunal fut ſupprimé & la Juriſdiction de la Cour rétablie, ſuivant l'inſtitution du Roi Jean; on confirma auſſi par une Chartre générale les immunités & privileges publics qui furent rétablis dans leur premier état.

Appel. Il y a appel au Conſeil dans

les causes de propriété, au-dessus de la valeur de 500 livres, mais il n'y en a point au-dessous. On y juge sans appel en matiére Civile & Criminelle.

Commissaires Royaux.

Les Rois d'Angleterre ont de tout tems envoyé pour des cas extraordinaires des Commissaires autorisés par des Commissions sous le grand Sceau; ils ont même toujours choisi pour remplir ces Commissions des Gens de qualité ou des Sçavans, dont la présence suspendoit la forme ordinaire de la Justice; mais il falloit auparavant que leur Commission fût vérifiée & enregistrée à la Cour; & ils ne peuvent en aucun cas qui regarde la vie, la libetté ou les biens, déterminer rien contre l'avis & l'opinion des Jurés qui siégent & jugent conjointement avec eux. Milord *Coke* avoue que les Rescrits du Roi n'avoient pas d'autorité dans cette Isle, à moins que ce ne fût une Commission sous le grand Sceau; encore faut-il que les Commissaires jugent suivant les Loix & Coutumes de ces Isles.

Les Loix de cette Isle qui doivent faire la regle des Jugemens de la Cour different en plusieurs points de celles d'Angleterre; il seroit trop long d'en donner ici le détail. On peut les réduire en général à quatre principales. 1°. L'ancienne Coutume de Normandie, telle qu'elle étoit avant l'aliénation de ce Duché sous le Roi Jean, contenue dans un vieux Livre appellé par les Juges Ambulans *la Somme de Mancel*; car on n'a point égard aux changemens qui y ont été faits depuis par les Rois & les Parlemens de France.

Coutume de Normandie.

2°. Les Usages municipaux & locaux, ce qui fait la Loi non-écrite & de tradition, comme est la Loi commune d'Angleterre. Usages Locaux.

3°. Les Constitutions & Ordonnances des Rois ou des Commissaires Royaux qui y étoient envoyés, avec les Réglemens & Ordres que de tems en tems le Conseil y fait parvenir. Ordonnances du Conseil.

4°. Les anciennes Sentences & Jugemens recueillis des Registres de la Cour. On ne peut strictement leur attribuer force de Loix, puisqu'il n'y a que l'autorité Royale dont elles sont dépourvues, qui les puisse faire regarder comme Loix : cependant on y a beaucoup égard suivant l'occasion. On peut dire la même chose des Ordonnances politiques & provisionnelles Recueil d'Arrêts.

données par la Cour, ou l'Assemblée des Etats, de même que par les autres Corps établis pour le bon ordre.

Aucun Acte de Parlement n'est considéré dans l'Isle, à moins qu'il n'en fasse mention particuliérement.

On ne traduit point les Causes à la Cour avec confusion; car quoiqu'il n'y ait qu'un Tribunal & que les Juges soient toujours les mêmes; cependant comme il est des cas plus ou moins pressans & qui demandent différentes façons de procéder, on a distingué les Causes en quatre Classes, ou Cours.

Cour d'Héritage.

La premiere est celle qui concerne la propriété des Terres & des Héritages. Les Causes de cette nature se jugent dans une Assemblée des plus solemnelle appellée *la Cour d'Héri-*

tage, qui se continue autant de jours qu'il est nécessaire pour terminer toutes les Affaires de ce genre. Elle se tient le premier jour avec beaucoup d'éclat; tous les Jurés sont obligés de s'y trouver, & il faut qu'il s'y en trouve au moins sept, pour que la Cour tienne. Le Gouverneur ou son Lieutenant y assiste ordinairement ce jour-là & répond au nom du Roi pour les Fiefs qui sont entre ses mains, & qui sont du Ressort de la Cour. Tous les Nobles tenans des Fiefs de la Couronne, dont le service est appellé dans les Registres *Secta curiæ*, doivent aussi répondre en leurs noms, ou être mis à l'amende: les Avocats y renouvellent leur serment. Les Prévôts & Sergens, qui sont des Officiers subalternes appartenans aux revenus du Roi, doivent y déclarer toutes aubaines, confiscations & autres contingens, profits & émolumens qui reviennent au Roi. C'est-là aussi que se continuent les Sanctions politiques qui regardent le bon ordre & le Gouvernement, où s'il est nécéssaire, elles sont abrogées ; & l'on en fait de nouvelles. Le Gouverneur au nom du Roi, ou le Receveur par ordre du Gouverneur, fait préparer un grand dîner auquel, outre la Cour, les Nobles dont nous venons de parler tenant des Fiefs de la Couronne, ont droit de se trouver & sont pour cette raison dits & censés manger avec le Roi trois fois l'an ; coutume plus ancienne que la conquête. On dit trois fois l'an parce que c'est le nombre de leurs termes, & que cette Cour fait l'ouverture de chaque terme. Après le premier jour la séance de la Cour se continue tous les Mardis & Jeudis suivans jusqu'à la fin de chaque terme; elle est toujours composée de trois Jurés, les douze reprenant chacun à leur tour. Les matières qui se traitent à cette Cour sont les partages de succession entre co-héritiers, les différens entre Voisins sur les bornes, les usurpations faites sur les biens d'un homme, échanges de propriété, retrait lignager, la propriété des rentes foncières & autres semblables.

La seconde Cour est celle de *Catil*; c'est-à-dire, d'effets mobiliers, quoiqu'il y ait maintenant peu de causes purement mobiliaires de jugées en cette Cour (comme elles l'étoient avant l'établissement de la Cour

Cour de Catil.

extraordinaire) néanmoins on y porte ainsi qu'en la Cour d'Héritage les demandes de rentes sans égard aux arrérages; mais elles s'y portent particuliérement quand il y a de ces arrérages dûs. L'affaire la plus considérable de cette Cour est l'adjudication des Décrets : voici ce qu'est un Decret à Jersey. Quand un homme devient insolvable, il vient en Cour & fait un abandon public de ses biens; c'est ce qui s'appelle renoncer. On cite par trois proclamations consécutives, & une quatriéme de grace, tous les intéressés à comparoître & à venir chacun mettre leurs demandes sur un livre, qu'on tient à cet effet. Quand cela est fait, ils sont appellés par ordre, c'est-à-dire, le dernier Créancier, le premier, & ainsi de suite en rétrogradant. On demande au dernier Créancier s'il se veut substituer à celui qui a fait l'abandon & prendre le bien en se chargeant des dettes antérieures à la sienne, s'il y consent le Décret est fini, & on le met en possession du bien, c'est ce qui se nomme un *tenant*. S'il dit aimer mieux perdre sa dette que de prendre le bien sous la charge de payer les autres Créanciers, le Juge fait la même demande au Créancier suivant dans l'ordre, & rétrograde ainsi toujours jusqu'à ce que le bien se trouvant dégagé par la rénonciation d'un assez grand nombre, il se présente quelqu'un qui se charge du bien & des dettes de ceux qui n'ont pas encore renoncé. C'est-là la maniere dont les Créanciers s'accommodent dans une banqueroute. Il y a très-peu de dettes par billet, en comparaison de celles qui proviennent des arrérages de rentes; quelqu'un à qui il est dû des arrérages de rente, s'en peut faire créer une autre. Il y a une ancienne coutume qui accorde même privilége pour les arrérages que pour la rente même, & qui donne la même nature aux arrérages d'une rente foncière qu'à ladite rente. Ces absurdités ont été si longtems suivies, que cela a fait beaucoup de tort à la pratique de ces Décrets.

Causes Criminelles.

Les Causes criminelles se jugent aussi dans cette Cour à sa premiere Séance: si c'est pour crime capital, il doit s'y trouver au moins sept Jurés; on avertit auparavant que la Justice Royale doit tenir ce jour-là, autrement trois Jurés suffiroient.

La

La troisiéme est *la Cour extraordinaire* appellée aussi *le Billet*, parce que toutes les Causes qui s'y plaident sont par ordre sur un billet ou une sédule affichée à la porte de la Cour, afin que toutes les Parties intéressées sçachent quand leur présence sera nécessaire en Cour. Elle fut d'abord érigée comme une aide à celle de Catel, lorsque les affaires s'y multiplierent trop, & elle fut particuliérement destinée à juger en matières de moindre conséquence, telles que les arrérages de rentes au-dessous de 10 années, les Arrêts, saisies & autres choses qui regardent le mobilier.

Cour extraordinaire ou Billet.

La quatriéme est *la Cour du Samedi*, qui est aussi une Cour extraordinaire & auxiliaire, & n'est proprement qu'une branche de la premiere; elle est par-

Cour du Samedi.

ticuliérement destinée à juger les Causes du Roi & celles des Jurés, qui ne sont point assujetties à la regle commune du Billet: on y porte aussi les Causes urgentes telles que celle de l'Amirauté, les Contrats entre Marchands, ce qui peut troubler la paix & plusieurs autres occurrences journaliéres, qui ne requiérent pas tant de solemnité & se peuvent expédier promptement. Il faut remarquer que quand une Sentence a été rendue en Cour d'Héritage ou de Catel, par un nombre moindre de cinq Jurés, ou dans une des Cours extraordinaires par moins de trois, quand il s'agit de mobilier au-dessous de la valeur de 50 livres tournois, la Partie condamnée peut en apeller à cette derniere, qui doit alors être composée de sept Jurés au moins.

Tems des Séances.

Toutes ces Cours (excepté celle du Samedi, qui se peut tenir pour quelqu'affaire imprévûe & suivant la volonté du Bailli & des Jurés) ont des tems fixes pour leurs séances. Le tems de la premiere est toujours le Jeudi qui précéde la S. Michel; mais elle est interrompue pendant le mois de Novembre par rapport aux travaux de la Campagne qui se font plus tard à Jersey qu'en Angleterre. Au commencement de Décembre on la reprend & elle est continuée jusqu'à Noël où elle finit. La seconde commence le Jeudi d'après le jour de S. Maur, qui est le 15 de Janvier; elle est très-courte, car elle finit au commencement de Février; la troisiéme commence le Jeudi d'après S. Georges & est continuée jusqu'à la S. Jean, où commence

la grande Vacance, pendant laquelle on ne plaide point, à moins qu'il ne ſe trouve quelque Cauſe qui ne pût être jugée pendant le terme; alors cette Cauſe eſt appellée la premiere ou ſeconde ſemaine de Septembre, & on la continue juſqu'à la ſéance de la S. Michel, ſi l'affaire ne peut être plutôt terminée.

Coline Royale.

La Salle de Juſtice s'appelle la *Coline Royale*; elle eſt dans la Ville de S. Helier, c'eſt un aſſez beau Bâtiment en face de la Place du Marché.

CHAPITRE V.

De la Réligion.

ON trouve encore dans cette Isle d'anciens restes de Paganisme, qu'on y appelle *Ponquêlais* ; ce sont des Pierres plattes d'une grandeur & d'une pésanteur considérable ; il y en a d'ovales, d'autres quadrangulaires élevées à trois ou quatre pieds de terre & supportées par d'autres pierres d'une plus petite taille ; il paroit par leurs figures & la grande quantité de cendres qui se trouve à l'entour qu'elles servoient d'Autels. Elles sont presque toutes placées sur des éminences au bord de la mer ; ce qui pourroit faire croire qu'elles étoient dé- Autels Payens.

diées aux Divinités de l'Océan. A dix ou douze pieds de distance de chacun de ces Autels on trouve une plus petite pierre, en forme de dez à peu près, où l'on présume que le Prêtre faisoit quelques cérémonies, tandis que le sacrifice brûloit sur l'Autel.

Etablissement de la Réligion Chrétienne.

La Réligion Chrétienne fut prêchée dans ces Isles environ l'an 565.

Le premier soin de la Reine *Elisabeth* à son avénement au Thrône, fut d'y établir la Réligion Anglicanne; mais il se fit un mêlange dans cette Isle, par le nombre des François Protestans, qui étant inquietés sous les Regnes de François I, Henri II, François II, Charles IX. & Henri III. se réfugierent avec plusieurs de leurs Ministres dans ce Pays.

Ces Isles furent d'abord du Diocèse de Dôl en Bretagne, & y demeurerent attachées depuis le tems de *S. Sampson*, jusqu'à l'arrivée des Danois & Normands dans la Neustrie, qui ayant eu des différents pour les limites respectives de leur terrein, & étant ensuite entrés en guerre, enleverent ces Isles de l'obéissance de l'Evêque Breton, & les donnerent à celui de Coutance.

L'on voit encore de Jersey les Tours de cette belle Cathédrale. Ces Isles resterent encore sujettes à cet Evêque, même après la perte de la Normandie; malgré les fréquentes guerres des deux Couronnes jusqu'à la dixiéme année du Regne de la Reine Elisabeth. Le Roi Jean, après la perte de la Normandie, avoit eu dessein de les annexer à l'Evêché *d'Excester* en Angleterre; mais il ne l'exécuta pas. Ce fut le changement de Réligion dans ces Isles, qui les enleva à la Jurisdiction de l'Evêque de Coutance; car elles furent transférées au Diocèse de *Winton*, par une Ordonnance du Conseil en datte du 11 Mars 1568.

Les Evêques de Dôl & de Coutance, pour l'exercice de leur autorité avoient dans chacune de ces Isles de Jersey & de Guernesey un Commissaire appellé Doyen, Office dont on fait mention dans de très-anciens Registres; il y a apparence qu'il est aussi ancien que l'Episcopat, & par conséquent que la Réligion Chrétienne dans ces Isles. C'étoit à lui que ces Evêques abandonnoient la connoissance de toutes matières de Jurisdicrisdictions Ecclésiastique, ne se réservant que les Ordinations, Instituts & Appel. Les Doyens d'aujourd'hui sont revêtus du même pouvoir, excepté qu'ils se doivent gouverner eux-mêmes par l'avis du reste des Ministres, qui sont toujours leurs Assesseurs.

Le Patronage de toutes les Eglises appartenoit du tems des Catholiques à plusieurs grands Abbés de Normandie, comme aux Abbés de *S. Sauveur-le Vicomte*, *Cherbourg*, *S. Michel*, *Blanche-Lande*, &c. Le Roi s'en empara lors de la réformation & le céda ensuite au Gouverneur; c'est lui qui présente à présent à tous les Bénéfices vacans au nom de S. M. mais le Doyen est toujours resté à la nomination du Roi, & il est Patenté du grand Sceau.

N

Ces riches Abbés de Normandie avoient non-ſeulement la nomination, mais même les Dixmes de toutes les Paroiſſes de l'Iſle ; celui qui déſervoit l'Autel n'avoit qu'une petite part, comme le $\frac{1}{5}$, $\frac{1}{7}$, $\frac{1}{6}$, $\frac{1}{9}$ ou ^{1}, de la Dixme. Lorſqu'on détruiſit ces Monaſtères en Angleterre, Ces biens au lieu de retourner à l'Egliſe furent annexés à la Couronne, & devinrent dans cette Iſle partie des revenus du Roi ; les Déſervans n'ont encore à préſent que la même portion à peu près qu'ils avoient dans ces tems.

Livre Noir de Coutance

On peut voir dans le Livre Noir de Coutance (pareil à celui de l'Echiquier) quelle proportion il y avoit alors, & les biens dont jouit le Roi par la confiſcation de ce que poſſédoient les Abbés.

Les meilleurs revenus du Clergé provient aujourd'hui du progrès des Arbres fruitiers & du Cidre; mais toutes les années n'étant pas aussi abondantes, & le prix du Cidre n'étant pas toujours le même, cela rend leurs revenus très-casuels; de tems immémorial le Clergé de cette Isle a été exempt de payer les Prémices & la Dixme au Roi. Les Dixmes de la Paroisse S. Sauveur furent annexés au Doyenné par un privilége particulier.

Exemption des Prémices.

Chaque Eglise posséde un fond, ou un revenu annuel d'environ 15 ou 20 mesures de bled, qui a été laissé par des personnes pieuses à la Fabrique, & pour d'autres usages réligieux & sacrés; mais il sert plus généralement à présent au besoin de l'Isle.

Trésors des Eglises.

N ij

Ecoles publiques.

Afin de pouvoir fournir à l'Eglise des Gens capables parmi les natifs, il y a deux Ecoles publiques de Latin & de Grec, situées presque aux deux extrêmités de l'Isle, sçavoir : celle de *S. Magloire*, (par corruption S. Manlier) & celle de *S. Anastase* ou *Athanase* : l'une & l'autre sont destinées à l'instruction de la Jeunesse de six Paroisses. Il y a deux places dans l'Université d'Oxford, qui appartiennent à Jersey & Guernesey alternativement. La premiere fut fondée par Charles I. l'autre fut un don du Docteur Morley.

CHAPITRE VI.

De l'Assemblée des Etats.

L'Assemblée des Etats est composée des trois Ordres de l'Isle, & est comme l'ombre d'un Parlement Anglois; elle est composée des Jurés ou Cour de Justice, comme le premier & le plus noble Corps; le Doyen & le Clergé pour le second, & les douze grands Connêtables comme les représentans des Communes. Le Procureur du Roi, le Vicomte & l'Avocat du Roi y sont aussi admis, par rapport à leur Dignité. Cette Assemblée ne se peut tenir que du consentement & avec la permission du Gouverneur ou de son Député, qui y a

Membres des Etats.

voix négative; de même que le Parlement ne peut s'assembler que quand il plait au Roi, & ne peut rien passer en Loi sans son consentement. Le Bailli ou son Lieutenant est toujours celui qui porte la parole dans ces Assemblées, comme l'Orateur du Parlement, & chaque Membre présent a voix déliberative. On ne peut tenir les Etats sans qu'il ne se trouve au moins sept Représentans de chaque Corps; les Etrangers qui possédent des Bénéfices ne peuvent être admis dans cette Assemblée sans être naturalisés, on ne juge pas devoir les inviter dans les secrets de l'Isle, avant qu'ils ayent donné des preuves de leur attachement au Gouvernement, sous lequel ils vivent.

Reglémens pour les rangs aux Assemblées.

Voix négative du Gouverneur.

Il y eut au commencement quelques disputes sur le pouvoir

que prétendoit avoir le Gouverneur de convoquer cette Assemblée, & sur son influence dans des délibérations par sa voix négative, dont le résultat fut deux Ordonnances consécutives du Conseil sous le Regne du Roi Jacques I. qui régloient ce pouvoir.

Premiere Ordonnance, anno 1618.

» Il ne se fera point d'Assem-
» blée d'Etats sans le consente-
» ment du Gouverneur ou de
» son Lieutenant en son absen-
» ce; dans laquelle il est enten-
» du, que le Gouverneur, ou
» son Lieutenant en son absence
» a voix négative; on aura soin
» de ne donner aucune Ordon-
» nance qui soit préjudiciable
» au service de *Sa Majesté* & à
» l'intérêt du peuple.

Seconde Ordonnance, anno 1619 *qui eſt une modification de la premiere.*

» Pour plus ample explica-
» tion de l'Article concernant
» l'Aſſemblée des Etats, ne de-
» vant pas ſe tenir ſans le con-
» ſentement du Gouverneur, ou
» ſon Lieutenant en ſon abſen-
» ce; il eſt finalement ordonné
» pour raiſons à Nous connues,
» & pour prévenir toutes queſ-
» tions à l'avenir à ce ſujet, que
» ledit Article conſervera ſa
» force, avec cette modification
» que ſi le Bailli ou Juſticiers,
» *requérent une Aſſemblée d'E-*
» *tats*, le Gouverneur ne pour-
» ra la différer de plus de quinze
» jours, à moins qu'il n'ait des
» raiſons à ce contraires, ſoit
» pour la ſureté de l'Iſle, ſoit
» pour Nôtre Service particu-

» lier, dont il sera tenu de Nous » donner connoissance, ou aux » Lords de Nôtre Conseil, le » plutôt que le tems & les vents » pourront le lui permettre.

» Et à l'égard de la voix né» gative du Gouverneur dans » les Ordonnances, il est aussi » ordonné présentement que sa » voix négative n'ait point lieu, » que dans les cas qui peuvent » concerner Notre intérêt par» ticulier, parce que les Actes » qui se passent dans cette As» semblée ne sont que provi» sionnels & n'ont point force » de Loix qu'après avoir reçu » Nôtre confirmation.

Levée des Subsides.

La principale affaire de cette Assemblée est la levée des Subsides pour les besoins publics, car de même qu'en Angleterre on ne peut lever d'impôt sur les Sujets sans l'autorité du Parlement; de même c'eſt une maxime conſtante du Pays, qu'il ne ſe peut rien lever ſur les Habitans que de leur conſentement, déclaré par leurs Repréſentans aſſemblés au Conſeil commun. Les Etats n'ont le pouvoir de lever de nouveaux impôts que dans des cas urgens, quand la ſûreté & la défenſe de ces Iſles le requiérent; on envoye au Roi des Députés pour regler les moyens de les lever proportionnellement. On rend compte dans cette Aſſemblée des revenus & des dépenſes; c'eſt-là qu'on examine toutes les conteſtations ſur l'adminiſtration des biens des Egliſes; on nomme des Députés pour porter les demandes & ſolliciter les affaires des Habitans à la Cour, il s'y fait des reglémens ſur la fidélité & l'obéiſſance dûes aux Rois,

& la ſubordination à leur autorité, & enfin ils s'appliquent à maintenir dans ces Iſles la tranquillité, la proſpérité & ce qui peut faire le bonheur.

Les Connêtables qui composent un Corps ſi conſidérable dans ces Aſſemblées & ſont les vrais Repréſentans du peuple, y ſont des Officiers plus eſtimés qu'en Angleterre; ce ſont ordinairement des gens de mérite dans les Paroiſſes reſpectives où ils ſervent. Cette Charge n'eſt que pour trois ans, quoiqu'il y en ait qui ſoyent continués plus long-tems; c'eſt un chemin à la Magiſtrature, pour ceux qui s'y comportent avec honneur. Nous joindrons ici une table qui repréſente la place de chaque Officier dans l'Aſſemblée des Etats. Connétables.

A. Le Gouverneur ou son Député.

B. Le Bailli ou son Lieutenant.

CCCC. &c. Les 12 Jurés.

DDDD. &c. Le Doyen & les Ministres.

E. Le Procureur } du Roi.
F. L'Avocat } du Roi.

G. Le Vicomte.

HHHH. &c. Les 12 Connêtables.

I. Le Greffier.

K. Un des Dénonciateurs.

L. L'Huissier de la Cour.

M. La Table.

N. Une grande Masse d'argent portée devant le Bailli & les Jurés.

O. Le Vestibule.

ETATS DE JERSEY.

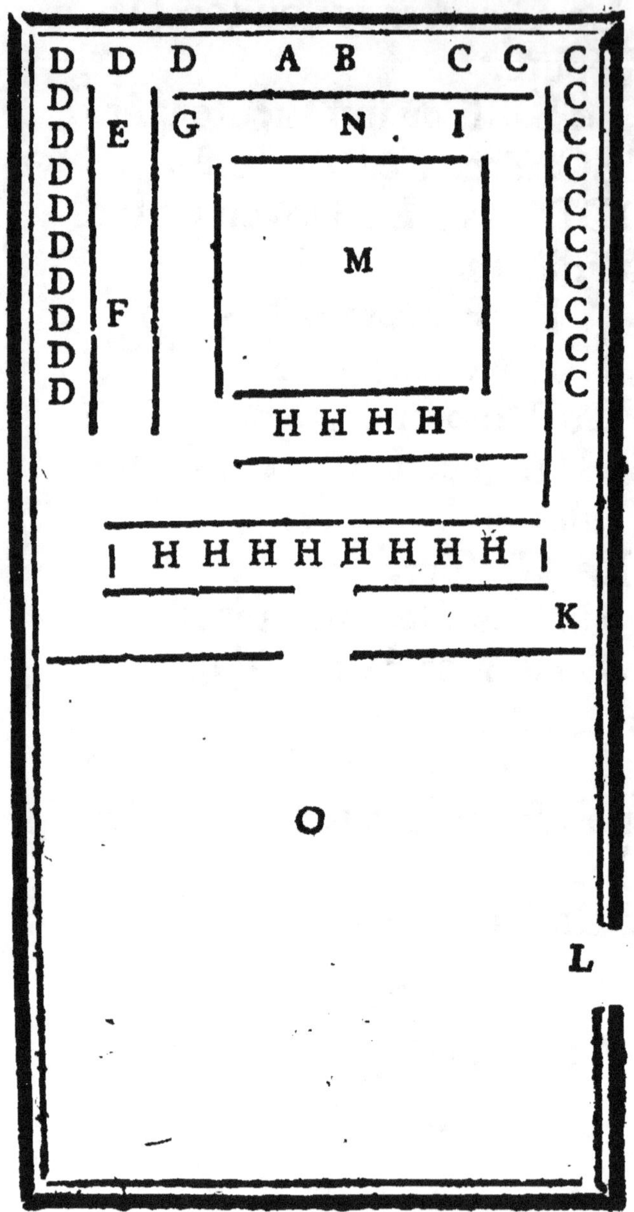

CHAPITRE VII.

Des Privileges.

Motifs de leurs Priviléges.

IL est peu de Provinces qui ayent d'aussi grands Priviléges que cette Isle. Les raisons alléguées dans les préambules des Chartres, comme étant les motifs qui avoient engagé les Rois d'Angleterre a accorder ces Priviléges aux Habitans de Jersey, sont particulierement les trois suivantes. 1°. Pour recompenser leur affection & leur fidélité à la Couronne d'Angleterre; leurs bons services leur ayant mérité ces Priviléges. 2°. Pour les engager a continuer d'être affectionés & fidéles. Tandis qu'ils jouissent de ces Priviléges, ils ne sont point tentés de changer de Maître. 3°. Pour rendre enfin leur condition plus supportable qu'elle ne le seroit naturellement par les circonstances & désavantages de leur situation. On ne pourroit pas vivre dans cette Isle (sur-tout les Anglois) sans les grandes franchises & exemptions dont elle jouit, ausquels peu d'entr'eux cependant porteroient envie, s'ils connoissoient à quel prix ils en jouissent.

Il ne subsiste aucun Registre au-delà du Regne du Roi Jean, c'est pourquoi l'on ne peut connoître quels étoient leurs Privileges, sous leurs anciens Ducs & Rois ses Prédécesseurs. C'est sous ce Regne que nous placerons l'époque de leurs libertés & franchises. Ces instituts sont la bâse & le fondement de tou-

Instituts du Roi Jean.

tes les Chartres qui les ont suivis.

Ils furent dans la suite renouvellé par son fils Henri III. dans une Lettre écrite à Philippe d'*Aubigny*, Gouverneur de ces Isles, l'an de son Regne le 33me: par ces instituts, ils ont une Jurisdiction établie parmi eux, & leurs biens sont à l'abri des vexations qu'entraînoient après elle les évocations en Angleterre.

Chartres d'Edouard III.

Ils ont ensuite la Chartre d'Edouard III. qui ne fait que confirmer leurs précédens Priviléges.

Celle de Richard II.

Ils ont deux Chartres de Richard II. dont la premiere est à peu près la même que celle d'Edouard III. elles sont l'une & l'autre contenues dans un *inspeximus* d'Henri IV. la seconde est plus particuliere, elle les exempte à jamais de toutes

taxes,

taxes, impôts & coutumes dans les Villes, Marchés & Ports d'Angleterre.

La Chartre d'Edouard IV. étend ce Privilége pour tous les Etats du Roi au-delà des mers. Il y a aussi une clause dans cette Chartre, qui confirme leurs anciens droits, libertés & franchises dans l'Isle, sous laquelle est entendue l'exemption de toutes taxes & subsides dans le même lieu. Cette exemption est un ancien Privilége de l'Isle, dont elle a joüi paisiblement jusqu'à ce jour. d'Edouard IV.

Il seroit trop long de rapporter ici les Chartres & Priviléges accordés par Henri VII, Henri VIII, Edouard IV, la Reine Marie, la Reine Elisabeth, jusqu'au tems présent; elles ne font en général que ratifier, expliquer & étendre les Priviléges, Henri VII. Henri VIII. Edouard IV. Marie. Elisabeth.

dont nous avons déja parlé : on a mis les Jersiens de niveau pour le Commerce avec les Sujets Anglois du Roi.

Privilége remarquable.

Nous rapporterons ici ce qu'ont dit les Ecrivains de ce tems sur un privilége particulier appartenant à eux & aux autres Isles voisines, qui est une franchise & une liberté de Commerce dans ces Isles & les mers adjacentes pour les Marchands de toutes les Nations en tems de guerre aussi bien qu'en tems de paix.

Le livre intitulé *les Us & Coutumes de la mer*, publié avec permission & imprimé à Rouen l'an 1671. en parlant des prises faites contre le droit des gens reçus de toutes les Nations, & qui doivent conséquemment être déclarées nulles, dit que telles sont clles faites en lieu d'azile, comme sont, ajoûte-t'il, les Isles & voisinage de Jersey & Guernesey sur les côtes de Normandie, où les François & les Anglois, quelque guerre qu'il y ait entre les deux Couronnes, ne doivent s'insulter, ni se battre aussi loin que peut s'étendre en mer la vûe de ces Isles. Le sçavant M. *Cambden* reconnoit ce privilége, quoique par méprise, il ne l'applique qu'à Guernesey seulement.

Voici comme en parle le Docteur *Heylin*, quoique par une méprise semblable à celle de M. *Cambden*, il pensât que ce privilége ne regardoit que Guernesey seulement, par un ancien droit des Rois d'Angleterre. Il y a chez eux une tréve continuelle; & les François, aussi bien que les autres, quelque guerre qu'il y ait d'ailleurs, peuvent y aller & y commercer ſans aucun danger & en toute ſureté. Ce privilége eſt fondé ſur une Bulle du Pape *Sixte IV.* donnée la dixiéme année de ſon Regne, ſous celui de Louis XI. en France, & d'Edouard IV. en Angleterre. En vertu de cette Bulle tous ceux qui moleſtoient en aucune maniere les Habitans de l'Iſle de Guerneſey ou des autres de ſa dépendance, ſoit par pirateries ou par violence étoient excommuniés *ipſo facto.* Cette Bulle fut d'abord publiée dans la Ville de Coutance, du Diocèſe de qui ces Iſles ont été autrefois; elle fut enſuite vérifiée par le Parlement de Paris, & a été confirmée juſqu'à ce jour par les Rois d'Angleterre. On voit encore cette Bulle dans les

Regiſtres & la pratique qu'on en faiſoit, par laquelle on voit qu'un vaiſſeau de guerre François s'étant emparé d'un vaiſſeau Anglois, il prit & fit priſonniers les Anglois, mais rendit la liberté & les biens à ceux de Guerneſey qui ſe trouverent à bord.

La Bulle de Sixte IV. n'eſt pas la baze & le fondement de ce privilége (comme s'y méprend le Docteur) mais au contraire le privilége eſt le fondement & l'occaſion de la Bulle, comme on le voit par la Bulle même. Car le Roi Edouard IV. étant informé qu'il ſe commettoit beaucoup d'infractions à ce privilége, par les Pirates & autres priſes qui ſe faiſoient des vaiſſeaux Marchands, venant commercer dans ces Iſles; ordonna à ſon Ambaſſadeur d'en parler au Pape, dont les censures étoient alors fort redoutées. Et ce fut ainsi qu'on obtint cette Bulle, qui est terrible en effet. Le Roi ordonna qu'elle fut notifiée & publiée dans tous ses Etats ; enjoignant à tous ses Sujets de l'observer exactement, & par ordre de Louis XI. & de Charles VIII. Rois de France, elle fut vérifiée au Parlement de Paris, & proclamée d'une maniere solemnelle dans tous les Ports de Normandie, comme elle l'avoit été avant dans ceux de Bretagne à son de trompe sous François II. dernier Duc de cette Province. Elle subsiste encore dans un *inspeximus* d'Henri VIII. sous le grand Sceau d'Angleterre, qu'on garde encore à présent dans Jersey. C'est une Piéce assez rare, qui fait voir quel étoit le stile de la Cour de Rome dans ces tems-là ; mais elle est trop longue pour être insérée ici.

Il reste à faire voir quelque chose de ce privilége dans la pratique.

L'an 1523. un vaisseau de Guernesey ayant été pris & conduit à Morlaix pendant la guerre entre François I. Roi de France & Henri VIII. Roi d'Angleterre ; il fut relâché en conséquence de ce privilége, par ordre du Comte de *Laval*, Gouverneur de Bretagne.

L'an 1524. une prise faite par un nommé *Pointy*, & amenée à Jersey, parce qu'elle avoit été faite dans la dépendance de cette Isle, fut jugée dans l'Assemblée des Etats, le Gouverneur & les Commissaires du Roi présens, *illégale & de mauvaise prise*, & le nommé Pointy condamné à restitution.

Edouard *Seymour*, Vicomte de *Beauchamp*, depuis Duc de *Sommerſet*, & Lord Protecteur, étant alors Gouverneur de cette Iſle, quelques Corſaires Anglois entrerent dans le Port de S. Aubin, & y ayant trouvé quelques vaiſſeaux Marchands François qui y étoient venus ſous l'aſſurance de ce privilége ; ils voulurent s'en emparer, mais le Député du Gouverneur s'y oppoſa, prit les Marchands ſous ſa protection, & ayant aſſemblé la Milice, il obligea les Corſaires de ſortir de l'Iſle.

L'an 1614. dans un Procès au Parlement de Bretagne, touchant 3 vaiſſeaux Marchands de Jerſey, dont les François s'étoient emparés ; il y fut déclaré que ces Iſles avoient le privilége de reſter neuſtres pendant les guerres d'entre les deux Royaumes.

L'an

L'an 1628. un bâtiment chargé de Marchandises de S. Malo pour le compte d'un nommé *Baillehache*, Habitant de Jersey, fut pris en route par un nommé *Backer*, Capitaine d'un Corsaire Anglois; la Cour ordonna la restitution du bâtiment, suivant ce privilége.

Ce Plaidoyer est imprimé.

Pendant les dernieres guerres de la Rochelle & de l'Isle de Rhé, les Bonnetiers de Paris & de Rouen eurent un libre accès dans ces Isles, & ils en emporterent bien des balots de Bas, ainsi qu'ont fait depuis ceux de Coutance jusqu'au regne de Louis XIV, leurs Ports ayant toujours été ouverts à tous ceux qui y venoient pour commercer. Voilà à peu près tout ce qu'on peut donner au public des priviléges de cette Isle, mais cette neutralité ne subsiste plus aujourd'hui.

SUPPLEMENT.

Depuis mon Livre imprimé, un Curieux m'a communiqué les Piéces suivantes.

ÉTAT de l'étendue de l'Isle de JERSEY, *la situation & la nature des Fortifications, le nombre de ses Habitans, & les Troupes qui y sont en Garnison.*

L'Isle de Jersey contient dix lieues de tour; elle est située de l'Est à l'Ouest en longueur.

S. Helier, la Capitale, qui est au Sud & à l'abri d'une montagne qui donne sur le bord de la mer.

On compte dans cette Ville environ 700 ménages.

Il y a aussi dans la même Grêve du côté d'Oueſt, à une petite lieue de S. Helier, une petite Ville qu'on nomme *S. Aubin*, où il peut y avoir 250 ménages.

Il y a de plus dans l'Iſle 12 Paroiſſes, & on fait nombre, tout compris, de 40000 Ames.

Il y a pour fortification un Château nommé *l'Eliſabeth*, avancé dans la grêve à 1000 ou 1200 pas de la Ville de Jerſey.

Les Forts de ce Château conſiſtent :

Dans un Donjon enclavé ſur l'éminence d'un rocher fort eſcarpé, ſitué au Sud-Oueſt du Château.

Ce Donjon a pour batterie une platte-forme de 18 piéces de canon, depuis 20 juſqu'à 32 livres qui battent ſur la mer ; ſur la Ville de S. Helier, ſur la Grêve & ſur S. Aubin.

Il y a audit Donjon une ſeconde batterie environ 15 pieds au-deſſous de la platte-forme de 23 piéces de canon, depuis 15 juſqu'à 24. qui battent des mêmes côtés que ci-deſſus.

La troiſiéme batterie fait le tour du Château, qui eſt fort étendue & bâtie ſur un rocher depuis le Sud-Eſt juſqu'au Sud-Oueſt, & le reſtant ſur le ſable.

Les murs qui ſont conſtruits ſur le ſable, ſont d'environ 25 pieds de hauteur, de pierre de taille en-dehors & de communes en dedans.

Il y a ſur cette batterie 90 ou 100 canons montés ſur leurs affuts, depuis 12 juſqu'à 24. Il peut y en avoir une trentaine de fonte.

Après avoir avancé environ 40 pas dans le Château, il y a un Pont-levis proche la Maiſon du Gouverneur, qui eſt au milieu du Château ; enſuite de quoi il y a une Place d'Armes en montant ſur ce Donjon, où il y a 15 canons, depuis 10 juſqu'à 16 livres de balles.

Les Magazins ſont à l'Eſt du Château, où il y a beaucoup de logement.

On compte environ 190 ou 200 piéces de canon dans ledit Château, tout bien en ordre & ſur leurs affuts.

Il y a dans la même grêve, du côté de l'Oueſt, à trois quarts de lieues du Château, une tour devant la Ville de S. Aubin, ſur laquelle il y a 36 piéces de canon depuis 12 juſqu'à 18.

C'eſt devant cette petite Ville où ſont mouillés tous les Navires, & où les Armateurs ont leurs Bâtimens. Au milieu de la même grêve il y a une batterie qui donne du côté de la mer, entte le Château & la tour, de 3 piéces de canon, dont 2 de 24 & une de 18.

Il y a du côté du Sud-Oueſt un petit Port qu'on nomme *S. Brelade*, où il y a une batterie de 5 piéces de canon, depuis 12 juſqu'à 16 liv.

Il y a une Baye à l'Oueſt Sud-Oueſt, qu'on appelle *S. Ouen*, où il y a trois batteries de trois canons chacune, de 16 à 18 livres; l'une porte dans l'Oueſt, l'autre dans l'Eſt & celle du milieu dans le Sud.

Dans l'Oueſt-Nord-Oueſt, il y a un Port qu'on appelle *S. Jean*, où il y a deux batteries de 31 canons chacune; l'une qui donne dans le Nord-Eſt & l'autre dans le Sud-Oueſt, au Nord-Nord-Eſt de l'Iſle.

Au Port de *Ste Catherine*, il y a un boulevart de 5 piéces de 12 à 15.

Au Nord-Eſt de l'Iſle du côté de la côte de Normandie, il y a l'ancien Château de Montorgueil, où il y a 50 canons en batterie montés ſur leurs affuts.

Dans l'Eſt-Sud-Eſt il y a une batterie de 3 canons; tous ces boulevards ſont de pierres de taille de 3 pieds de hauteur.

Depuis la montagne qui couvre la Ville de S. Aubin du côté du Sud-Eſt, il n'y a plus de batteries pendant une lieue de chemin.

On compte plus de 300 canons dans l'Iſle, dans laquelle il y a quatre Compagnies d'Invalides, qui montent la garde au Château, & deux détachemens, l'un au vieux Château, & l'autre à la Tour de *S. Aubin.*

Jersey a six Régimens de Milice, quatre d'Infanterie & deux de Cavalerie, qui composent au moins 10000 hommes.

ÉTAT de l'étendue de l'Isle de GUERNESEY, du nombre de ses Fortifications, de leur nature, & des Troupes qui y résident.

1°. L'Isle de Guernesey contient sept lieues de tour, elle est située du Nord au Sud en longueur.

2°. La Ville qui est au milieu de l'Isle est au bas d'une montagne à l'Est, on y compte environ 400 ménages.

Il y a dans l'Isle neuf Paroisses, qui renferment environ 20000 Ames.

Cette Isle est très-fertile en grains & herbages; elle est aussi fort riche par le grand Commerce que font les Habitans en Eau-de-vie qu'ils tirent de France, pour envoyer en fraude en Angleterre, & en Marchandises prohibées qu'ils font passer en France, comme, Tabac, Indiennes, Etoffes des Indes de toute espèce, Draperies, Plomb, Etain, &c.

Il y a à Guernesey un Château situé sur un rocher à 600 pas de la Ville, devant le Port, qui a pour Fortifications un Donjon avec une platte-forme, sur laquelle il y a 33 canons montés sur leurs affuts; les plus forts sont de 18 dont une partie sont de fonte, 11 battent entre l'Isle & le Château, 13 devant le Havre qui est au pied de la Ville, & neuf du côté de l'Est, par où les Navires sont obligés de passer.

Il y a un mur du côté de la Ville entre la batterie du Donjon & celle qui fait le tour du Château, où il y a onze canonieres; ensuite la batterie qui fait le tour dudit Château, sur laquelle il y a 21 canons montés dans leurs embrasures du côté du Havre, 5 sur chaque Bastion; l'un porte entre l'Isle & le Château, un autre du côté de l'Est.

De plus, 15 depuis l'Est jusqu'au Sud & 9 depuis le Sud jusqu'au Bastion du Nord-Ouest, le tout est au nombre de 88 canons, tous bien en ordre & montés sur leurs affuts, dont les roues sont de fer.

La Maison du Gouverneur est au Sud du Château.

Toutes les Forteresses sont

peu ſolides & bâties en piramides ſur le rocher qui a fort peu de tour; les murs qui l'environnent ſont de pierres de taille du côté de la mer, & de pierres communes au-dedans.

Les Magaſins à Poudre ſont du côté de l'Eſt-Nord-Eſt.

Il y a dans la grêve, qui eſt depuis la Ville juſqu'au Nord-Eſt, trois eſpèces de boulevards de trois canons de fer.

Dans un petit fort au-deſſous du Château, du côté de l'Eſt-Sud-Eſt, il y a 3 canons montés depuis 15 juſqu'à 16.

A la pointe de l'Iſle, qu'on nomme *S. Martin*, du côté du Sud-Eſt il y en a 5 de 10 à 12 livres.

Du côté du Sud-Oueſt, à la même pointe, il y en a 5 du même calibre.

Du côté d'Oueſt il y en a 3

près d'une petite Isle qui s'appelle *Plemont*.

Du côté du Nord-Ouest il y en a 9; trois qui battent dans le Nord, 3 dans le Sud & 3 dans l'Ouest.

Il n'y a de ce Port à la Ville qu'une demie lieue, & tout est découvert. Il s'appelle *Leval*.

Il y a dans l'Isle deux Compagnies d'Invalides de 48 hommes chacune, qui montent réguliérement la garde au Château & sur le Port.

De plus, trois Régimens de Milice, deux d'Infanterie & un de Cavalerie.

On compte dans ces trois Régimens 4000 hommes.

FIN.

TABLE
DES CHAPITRES.

APPROBATION.

J'Ai lû par ordre de Monseigneur le Chancelier un Manuscrit ayant pour titre : *Histoire de l'Isle de Jersey traduite de l'Anglois*, & je n'y ai rien trouvé qui doive en empêcher l'impression. A Paris ce 30 Décembre 1756.

GRAVES.

PRIVILEGE DU ROI.

LOUIS, PAR LA GRACE DE DIEU, ROI DE FRANCE ET DE NAVARRE : A nos amés & féaux Conseillers, les Gens tenans nos Cours de Parlement, Maîtres des Requêtes ordinaires de notre Hôtel, Grand Conseil, Prévôt de Paris, Baillifs, Sénéchaux, leurs Lieutenans Civils, & autres nos Justiciers qu'il appartiendra : SALUT. Notre amé le Sieur LE ROUGE, Géographe du Roi, Nous a fait exposer qu'il désireroit faire imprimer & donner au Public un Ouvrage de sa composition, qui a pour titre : *Histoire des Isles de Gersey & de Guernesey* : s'il Nous plaisoit lui accorder nos Lettres de Privilége pour ce nécessaires : A CES CAUSES, voulant favorablement traiter l'Exposant, Nous lui avons permis & permettons par ces Présentes, de faire imprimer ledit Ouvrage autant de fois que bon lui semblera, & de le faire vendre & débiter par tout notre Royaume pendant le temps de trois années consécutives, à compter du jour de la date des Présentes. Faisons défenses à tous Imprimeurs, Libraires & autres Personnes de quelque qualité & condition qu'elles soient, d'en introduire d'impression étrangere dans aucun lieu de notre obéissance; comme aussi d'imprimer ou faire imprimer, vendre, faire vendre, débiter ni contrefaire ledit Ouvrage, ni d'en faire aucun Extrait sous quelque prétexte que ce puisse être sans la permission expresse & par écrit dudit Exposant, ou de ceux qui auront droit de lui, à peine de confiscation des exemplaires contrefaits, de trois mille livres d'amende contre chacun des contrevenans, dont un tiers à Nous, un tiers à l'Hôtel-Dieu de Paris, & l'autre tiers audit Exposant ou à celui qui aura droit de lui, & de tous dépens, dommages & intérêts. A la charge que ces Présentes seront enregistrées tout au long sur le Registre de la Communauté des Imprimeurs & Libraires de Paris dans trois mois de la date d'icelles; que l'impression dudit Ouvrage sera faite dans notre Royaume & non ailleurs, en bon papier & beaux caractéres, conformément à la feuille imprimée attachée pour modele sous le contre-scel des Présentes, que l'Impétrant se conformera en tout aux Réglemens de la Librairie, & notamment à celui du 10. Avril 1725. qu'avant de l'exposer en vente, le Manuscrit qui aura servi de copie à l'impression dudit Ouvrage, sera remis dans le même état où l'Approbation y aura été donnée ès mains de notre très-cher & féal Chevalier Chancelier de France, le Sieur DELAMOIGNON, & qu'il en sera ensuite remis deux Exemplaires dans notre Bibliothèque publique, un dans celle de notre Château du Louvre, un dans celle de notredit très-cher & féal Chevalier, Chancelier de France, le Sieur DELAMOIGNON, & un dans celle de notre très-cher & féal Chevalier Garde des Sceaux de France, le Sieur DE MACHAULT, Commandeur de nos Ordres; le tout à peine de nullité des Présentes, du contenu desquelles vous mandons & enjoignons de faire jouir ledit Exposant ou ses ayans causes pleinement & paisiblement, sans souffrir qu'il leur soit fait aucun trouble ou empêchement. Voulons qu'à la Copie des Présentes, qui sera imprimée tout au long au commencement ou à la fin dudit Ouvrage, soit tenue pour dûment signifiée, & qu'aux copies collationnées par l'un de nos amés & féaux Conseillers Secrétaires, foi soit ajoutée comme à l'Original. Commandons au premier notre Huissier ou Sergent sur ce requis, de faire pour l'exécution d'icelles, tous Actes requis & nécessaires, sans demander autre permission, & nonobstant Clameur de Haro, Charte Normande, & Lettres à ce contraires. CAR tel est notre plaisir. DONNE' à Versailles le vingtiéme jour du mois de Décembre, l'An de grace 1756. & de notre Regne le quarante-deuxiéme. Par le Roi en son Conseil.

Registré sur le Registre quatorze de la Chambre Royale des Libraires-Imprimeurs de Paris N°. 129. Fol. 124. conformément au Réglement de 1723. qui fait défense Art. 4 à toutes personnes de quelque qualité qu'elles soient, autres que les Libraires & Imprimeurs de vendre, débiter & faire afficher aucuns Livres pour les vendre en leurs noms, soit qu'ils s'en disent les Auteurs ou autrement, & à la charge de fournir à la susdite Chambre neuf Exemplaires, prescrit par l'Art. 108. du même Réglement. A Paris le 24 Décembre 1756.

P. G. LE MERCIER, *Syndic.*

www.ingramcontent.com/pod-product-compliance
Lightning Source LLC
LaVergne TN
LVHW060102240826
846091LV00018B/4070

* 9 7 8 1 2 8 6 9 7 0 3 5 5 *